カウンセラー・ヒーラー・スタイリスト
喜多川 恵凛

恐れや悲しみがあっても、

人は幸せになれる

Clover
クローバー出版

〝恐れや悲しみがあっても、
人は幸せになれる〟

はじめに

ちょっと不器用なあなたへ

本書を手に取ってくださってありがとうございます。このタイトルに惹かれて手にしたあなたはきっと、ちょっと不器用な人なのではないでしょうか。こうして購入していただいた方に対して、失礼なことを言ってすみません。お会いしたこともない私が、勝手に言うこと。どうかお気を悪くしないでくださいね。私も不器用な人の一人です。明るく前向きに、自分らしく人生を謳歌したい、と思いながら、すぐ何かにぶつかって、迷ったり悩んだりして、どうも面倒くさい人なのです（笑）

ちょっと面倒くさくて、ちょっと不器用な私が書いた本に、何かを感じてくださるというのは、やはりあなたにも、どこか同じように響き合えるものがあるのだと、なんだかとても嬉しくなるのです。こうして出会っていただき、ありがとうございます。

この本に書いたことは、自分自身に向けてきた言葉でもあります。今までの人生を振り返ると、幸せなこと、愛、感謝、たくさんありました。けれどもどこかで、「こんな自分は嫌だ、ダメだ」「なぜ私はあの人のようになれないのだろう」と自分を否定し、変わらぬ自分の姿にあきらめも感じてきました。この姿でいいのだと納得しようとするのですが、結局はあきらめきれない自分がいて、もがくのですね。だったらもうしっかりともがこうと、自分と向き合うことをやめずにいたら、少しずつ何かが癒され、整っていきました。その過程で、たくさんの人に出会い、たくさんの心、気持ちに触れているうちに、私が感じてきたことは私だけのものではなく、それぞれの思い、願いでもあることがわかりました。

幸せに生きたい。自分らしく人生を歩みたい。みな、心の中にそうした願いをもっています。けれども何かがうまくいかなくて、努力をしてはつまずいて。私が歩んだ過程は、同じように誰かの歩む道のりでもあったようです。

往生際悪く、もがく私がいるということは、あなたにもきっと同じものがあるのです。幸せになることをあきらめないあなたへ。あなたを愛おしく思いながら、書きました。

不完全だから、未熟だから、あなたがあなたらしいのだと思います。すべて完璧に、完成された姿は素晴らしいかもしれませんが、きっとそうではない自分で生まれたからこそ、与えられた課題やテーマがあり、人生をより楽しむという使命があるのだと思います。

はじめに

もっと成長したい。私らしく生きたい。そう願うからこそ、痛みや悲しみを味わうのではないでしょうか。こんな自分でいいや、と自分を適当に扱っていたら、がっかりしたり、落ち込んだり、辛くなったりすることはないのかもしれません。

あなたがあなたらしく、昨日よりも今日、今日より明日と、日々を前向きに過ごしていくこと。そんな自分でいられること。恐れや痛みを感じたり、失敗をしたりしながらも、それすらも愛おしい自分の一部として受容し、ありのままでいること。

「自分らしく生きる」ということに対して、勇気や情熱を持ち続けることや、自分を磨き続けることをあきらめないあなたへ。自分の願いに向かって、一歩ずつ進んでいくあなたへ。本書があなたの情熱や勇気に明かりを灯す、小さな一歩を踏み出す、そんな後押しになれたら嬉しいです。

もくじ

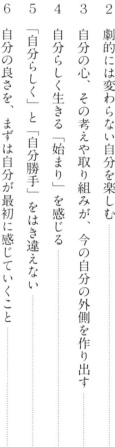

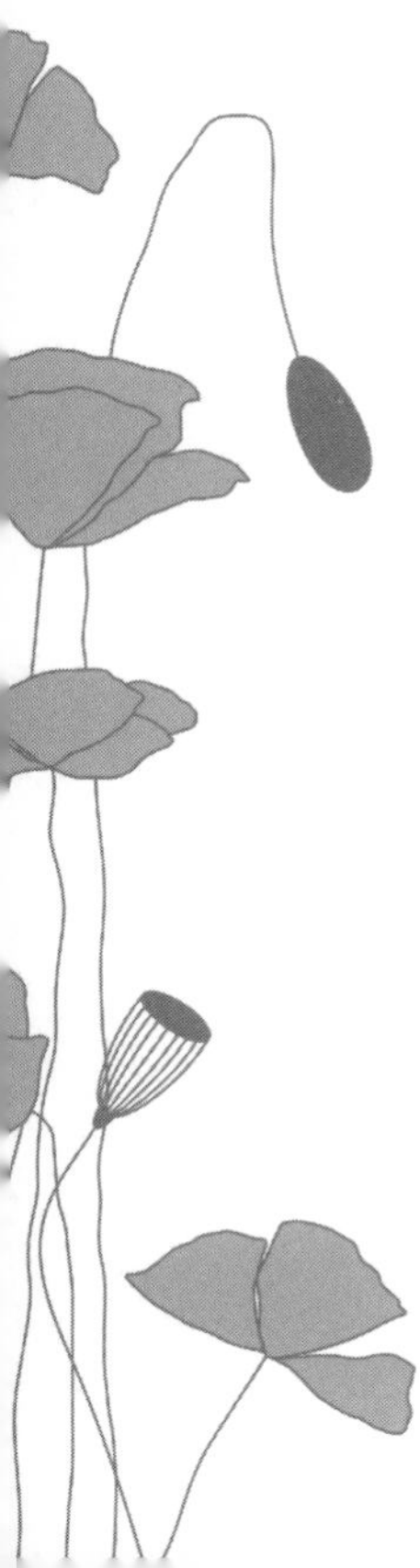

第2部 「恐れや悲しみ、ネガティブな心」と向き合う

第3部「人との繋がり」と向き合う

第1部 「自分らしい姿」と向き合う

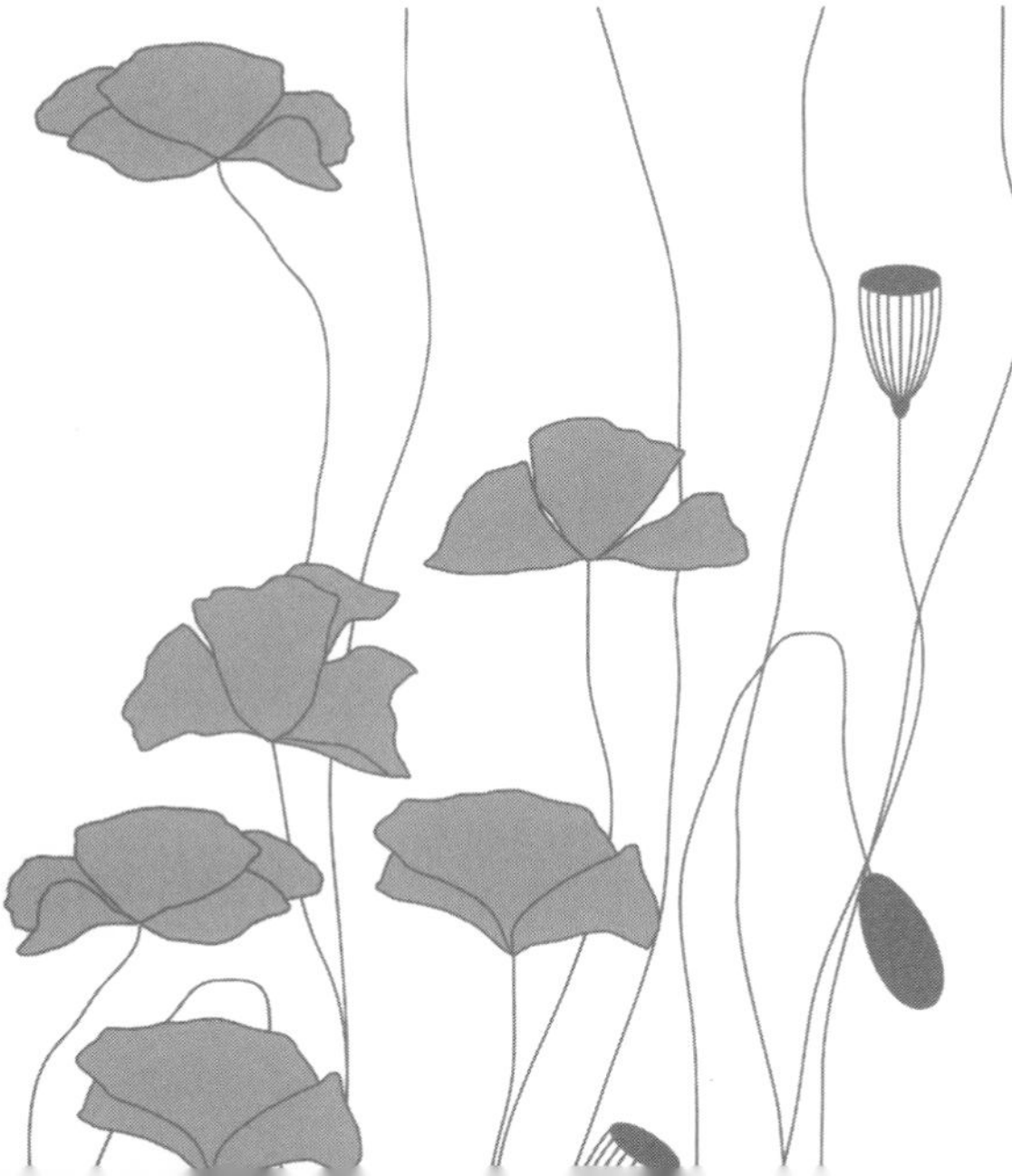

1 いつでも、どこでも「本当の私」

自分の人生を幸せなものにしていきたいと願うとき、それを実現させるにはまず自分の中にある恐れや悲しみと向き合いながら癒すこと。そして自分を受け入れ、好きになるという作業を繰り返していくことが大切であると感じています。自分は何者か、自分らしさとはどのようなことか、そうしたことを心の奥底で理解した人は、自分を、自分の生き方や人生を、そして自分の在り方を信頼できるようになります。

それは自己肯定感、という言葉に置き換えることができるかもしれません。自己を受け入れていく作業を惜しみなく、いろいろな角度や立場から何度も何度も見通していくこと。自分を知る作業を繰り返していくうちに、だんだんと見えてくること、わかってくるものがあります。それは、外に求めていても見つかるものではありません。何度も何度も、自分自身と向き合うことによって、だんだんと腑に落ちてくるものです。

これは、人によってはとても難しく感じるかもしれません。自分を好きになることがなかなかできずに、今の自分を否定して理想の自分を追い求め続けていくことを繰り返している人はたくさんいます。

また、自分が思う「私」と周囲が思う「あなた」が全く同じでないことにより、自分自身を見出せないこともあるでしょう。けれどこうした認識の違いは、ある面では自然のことかもしれません。

その差が大きければ大きいほど、自分の心の中に、何かひずみのようなものを感じてしまうこともあるのではないでしょうか。どこかで自分を演じ続ける苦しさや辛さ、面倒くささを感じていて、今のこの姿は「本当の私」ではないと、否定をし続けているかもしれません。

＊どんな姿も「本当の私」であるということ

子どもの頃は、どんな姿が「本当の私」であるかなんて、思ったこともなかったはずです。目の前のことを一つひとつ、素直に、単純に、怒ったり笑ったり喜んだり泣いたりした自分がいたことでしょう。

大人になった今はそういった感覚すら、忘れてしまっているかもしれませんが、自分の中に素直に表現をして生きていた自分がいたことは、確かなことです。まずはそうであった自分がいたということを、思い出せずとも、頭で理解してみてはいかがでしょうか。

どのような姿が本当の自分かなんて、それは誰にもわからないことです。その答えを見出すには、自分が自分のためだけに、何度も繰り返し自分と向き合うことです。

本当の私はどんな私か？　と自分に問い続ける限り、今ここにいる自分を、本当の私ではないと否定していることに繋がります。今、こうして自分が表現しているものすべてが、ちゃんと自分の一部であり、そこには嘘偽りもなく、真実の姿があること。まずはそのように自分自身を受け入れてみることから一つ、何かが始まるのではないでしょうか。

今この姿も本当の私であると、そのように思えそうでしょうか。今すぐここからその私で過ごしていけるでしょうか。今の自分を否定して、別の自分が生まれることはありません。子どもの頃のあなたと今のあなたはちゃんとどこかで繋がっていて、そしてこれから先のあなたも、ちゃんと今のあなたと繋がっています。

「本当の私」は、子どもの時も、今も、そしてこれからも、いつもどこでも、どのようなときでも、誰といても、何をしていても、自分が今ここで表現をしていること、そのものであるということです。

今のこの姿を嘘偽りのものにして、本当の私はここにはいないと、そのような世界にしているのは誰でもない自分自身です。本当のあなたなんて、他の誰も、何も知りません。

あなたはあなたとして、周囲の人は見たいようにあなたを見ているだけです。本当にするか、嘘偽りにするかは、自分の中にいる自分がそう決めているだけです。自分が自分の在り方を決めているのですから、今すぐ、ここから「本当の私」として自分を扱っていきましょう。いつまでも、外の何かに原因を作って、嘘偽りの苦しい自分でいることを、自分で作り出さないことです。

＊自分を知る作業を惜しみなく、どんなときも「私は私」

「本当の私」で生きていない、という立ち位置でいることで、自分は何を得ているのだと思いますか？　その姿でいることで何を得しているのか。守ろうとしているのか。いつまでそれをやり続けるのか。そうした視点で自分を見通してみることで、自分の中の恐れに気がつくことがあります。本当の私に出会えない、この姿は本当の私ではないと、そう決めているのは自分です。そして、自分を否定し続けることで自分の中にある恐れや悲しみを大切に守り続けることができます。

私はこんな人間です、私はこんな人ですと、自分で自分を評価したり、判断したりすることは誰でもあると思いますが、だからといって、そのように決めた自分がすべてなわけではありません。

あなたが判断している自分の姿というのは、もしかしたらとてもちっぽけで、偏ったものの見方や捉え方をしている自分であるのかもしれません。自分が思う「本当の私」というもの、そのものが、とても狭い世界の中のさらに小さな観念や思い込み、価値観の中から生み出されているものだとしたら、どうでしょう。それは「本当の私」といえる姿でしょうか。そんなちっぽけな「本当の私」を、自分はこれが自分らしい姿であると素直に受け入れていくのでしょうか。

だからこそ、いろいろな角度から、立場から、自分を知る作業を惜しみなく、時間をかけて繰り返していくのです。そして答えにたどり着く前の、その経過、道のりそのものを自分と向き合う愛しい時間として、楽しみ慈しんでいくことが、「私」に出会うための大切なもの、そのものではないかと思っています。

この時間そのものが、「本当の私」で生きるかけがえのないものでもあるという認識を持つこと。今の私は「本当の私」ではないと、自分で自分を押し込め、否定するのではなく、今この瞬間も、いつも、どこでも「私は私」であると捉えること。今ここから「私はいつも私を生きている」という立ち位置で自分自身を扱っていきましょう。いつまで迷えば、悩めば、本当の私に出会えると思えますか？　今の自分を否定して「本当の私」をいつまでも遠い未来のことにしないこと。今ここにいる私が「本当の私」なのです。

2 劇的には変わらない自分を楽しむ

今よりもっとよりよく生きたい。幸せになりたい。そのように思うとき、何か大きな変化を起こさないと自分は変われないのではないか。今のままでは自分はダメなのではないか。そのように思うことはあるでしょうか。何か行動を起こさないと、衝撃的な何かをしないと、人は変われない、幸せになれないと思いますか？

いつもと変わらない毎日でも、自分らしい毎日、生き方ではないでしょうか。私はこうした日々、変わらない時間、ひとときの中にも、自分らしい生き方というのはちりばめられていると思っています。女性は何気ない毎日の中から自分らしい幸せの形を楽しみながら作り上げていくことができるとそう思っています。

女性は調和やバランスといったものに対して心地よさを感じる生き物だと感じています。日々の生活のことを振り返っても何か一つのことだけに集中をして、それだけをやっていればいい、ということはほとんどなく、家庭、職場、地域、いろいろな場で、それぞれの役割があるのではないでしょうか。その場その場で、心地よい自分でいながら、周囲と調和を図りながら、毎日少しずつ、願う姿、望む幸せに向かって心地よく進んでいくこと。女性の中にはそうした毎日を手にすることで、今この場を十分幸せにできる方もたくさんいらっしゃると思うのです。

また「幸せ」には、結果や成果だけではなく、その姿に向かっていく経過そのものも含まれているのだということも感じてみてください。過程や経過を心地よく楽しみながら進むという在り方も女性らしい幸せの姿、形の一つではないでしょうか。

同時に幸せになるには、しんどい思いをしたり、我慢をしたり、何かに耐え忍んだり、頑張った先にあるものだという、そのような思い、考えを自分で持っていないか、そうしたあたりも感じてみることです。何かに耐えて、苦しい思いをして手にした成果は素晴らしいものです。スポーツの世界などは、苦しい練習やトレーニングなど必須になることですから、それをなくして望む世界を手にすることはできないということも理解できます。

けれどもあなたが今、生きている世界がそのような世界ではなく、ある面では淡々と同じ毎日を繰り返している日常の中にいるのだとしたら……。スポーツの世界のような方法ではなくても、自分の願う姿を、望む毎日を今すぐ過ごすことはできるのではないでしょうか。

ゴールに向かって頑張ることは素敵ですが、その向かう最中、過程にも、ちゃんと幸せはあるということ。その感覚をぜひ味わい、楽しんでみてください。道中は苦しいものだ、しんどいものだという思い込みを少し、外してみることです。

劇的な変化をしなくてもいいのです。変わっているか変わっていないか、一見したらわからないくらいの変化を毎日楽しんでいくこと。その感覚、感性で、何も代わり映えのない毎日を過ごしていくこと。そうした在り方でいることが、幸せを手にして生きることに繋がっています。

そしてそうした小さな変化はやがて必ず、大きな変化となって誰かの目に映るようになります。たとえば近所のお子さんが、しばらく見ないうちに急に大きく成長していたと感じるように、あなたの小さな変化の毎日も、誰かにとってはある日、劇的に変わったように映るのです。

平凡な毎日を平凡なまま、何も代わり映えのないまま何年もやり過ごす……。不平や不満のほうへと心を向け、怒りや悲しみを感じて日々を過ごしていくのではなく、平凡な、淡々とした毎日の中にある調和やバランス、当たり前という言葉に含まれている「小さなうまくいっていること」を大切にしていく在り方で。そしてそこにさらに小さな変化を加えていくことを心の片隅においていきましょう。小さな変化は気軽にできることが多いのです。

ちょっとした心配りや意識で、気楽に楽しんでできることがたくさんあります。その気楽さ、心地よさ、楽しむ感覚は女性の得意とするところ。毎日少しずつ、劇的には変わらない自分を楽しんでいくことです。

それと同時に、必ず自分は望む幸せを手にする。私らしく生きていく。日々、変化していく。成長をし続ける。そのように静かな決意も持ち続けていきましょう。自分の人生に情熱を持ち続けることを忘れずに。ゴールに向かって進む道中すら、あなたの願う、望む幸せの姿であるということを楽しむ感性を磨きましょう。

ドラマチックな展開も素晴らしいけれども、何も変わらないような平凡な毎日の中にある、小さな変化の展開も、同じくらい素晴らしいものです。日々をそのように感じられるようになると、平凡な毎日がいかにドラマチックであるか、素晴らしい毎日の繰り返しであるか、心の奥底から穏やかに満たされる愛を感じられるようになっていきます。

不平や不満、文句、怒りや悲しみにばかり目を向けるのではなく、何気なくうまくいっていること、毎日当たり前にできることに気持ちを向けていきましょう。そして自分と、自分の周りにいる人たちとの毎日を、今ここから心地よく、喜びの中で過ごしていくと、まず決めることです。

自分と周囲との調和、バランスをとりながら、劇的には変わらない、大きな舵取りをしない、毎日の中にある小さな変化を楽しんでいくことが、自分の毎日を確実に、豊かに整えていく素地であると感じていきましょう。

平凡な、代わり映えしない毎日に落胆したり、このままでいいのかと焦ったりするときには、「劇的には変わらない自分を楽しんでいこう」と心の中でつぶやいて。人生を前向きに開いていく力を取り戻してみてください。

3　自分の心、その考えや取り組みが、今の自分の外側を作り出す

「今の自分」は自分の中にある考え方や行動の在り方、取り組み方などが繋がって現れた結果だということ。この考え方で今の自分を俯瞰してみたとき、あなたの中にはどのような気持ち、思い、感情が浮かんでくるでしょうか。

自分の良い面、長所を感じ、前向きになれることもあれば、自分のダメなところ、短所を感じて、気落ちすることもあるかもしれません。また何かこの部分は自分にとっての課題であると、自分に与えられているものを冷静に感じられる視点を持っている人は、自分をより成長させていける力があるともいえるのではないでしょうか。

今よりもっとよい自分になりたくて、少し未来の自分の姿を前向きに開きたくて、自分の課題、改善すべきところと向き合い、努力している人もいるかもしれません。

「自分の内側が、自分の外側である」と言われたとき、だから自分はダメなのだな、とがっかりした気持ちになる人、また自分をダメな人にして簡単に終わりにしてしまう人がいます。この言葉は、決して「外側が整っていないあなたは、ダメなあなたなのですよ」という意味ではありません。この言葉をどのように捉えて受け取るか。そのこと自体がすでに、あなたの内側、心の在り方が表れているのではないか、ということです。

それは、自分が自分に対して抱いている思い、自分らしさの一部が表現されているもの、とも言えるかもしれません。

自分の内側が外側を作るというのであれば、単純に考えれば、自分の内側を整えれば、外側も整う、ということになります。まずは素直にそう感じてみること。単純な仕組みである、と捉え受け入れてみることです。

そのように捉えられない自分を責めたり、否定したりするのではなく、自分の中には浮かばなかった考え方だな、なるほど、そのように捉えてみれば、今の自分も少しずつ、良い方向へと変えていけるかもしれないと、単純に受け取ってみること。その考え方を「知ることができて良かったな」と前向きに受け取ることで、すでにあなたの内側は一つ何かが変わるのではないでしょうか。

「自分の心、意識、考え方という内側を整えれば、自分の外側に表れるものも整う」という単純な仕組みを自分は素直に前向きに取り入れるという方向へ、心の出発点を変えていくことで、すでに何か表れるものが変わるはずです。

この単純な仕組みを理解したら、逆に考えて使ってみることもできます。逆に考えるとは、「外見を整えれば、内側も整う」ということです。

すでに外側に現れている部分。その部分を整えていくことで、自分の心の内、内面も整えることができます。自分の外側を見て、もう少しこの部分を整えていきたい、変えていきたい、と感じるものがあるのなら、それらのことに少しずつ向き合ってみてください。

それは日常の中にある小さなことでよいのです。毎日、生活をしていく中で、なんとなく気がかりではあるけれども、なんとなくやり過ごしていっているものをまず整えていきましょう。

急を要しない、後回しでも大丈夫、一見すると変わったのか変わらないのかわからない……そのような小さなことを一つずつ整えていくことが、実は確実に、内側にも外側にも影響を与えていきます。塵も積もれば山となる、ではありませんが、いきなり何か大きなことを変える必要はないのです。

なんとなく気になりつつ、そのままにしていること。たとえば、着なくなった服を一つ整理する、処分する、そのくらいの感覚で。自分の外側に見えているものを何か一つ、整えてみることです。

人のもつ特性の一つに「習慣」があります。小さなことを少しずつ整えていくことは、習慣に繋がります。習慣にさえすることができれば、それは日常の

「当たり前」になります。「心を整えること」を習慣に、当たり前のことにしてしまえば、とても気楽によりよい毎日を過ごせるようになります。自分の外側を整えるということは、こうした当たり前にできること、習慣になることが少しずつ増え、それらが自分の毎日を心地よく整える大切な一部になっていくということです。

そしてそれを当たり前のように気軽にできる自分になるということが、「自分の思い描く幸せ」に繋がっていくものではないかと感じています。それは、確実に自分らしくいられることに繋がっているし、心地のよい毎日が過ごせることに繋がっています。

内側からでも外側からでも、好きなほうから、やりやすいことから。何かを一つひとつ整えていくことで、自分らしい姿、そして生き方がいつの間にか当たり前に姿、形となって現れていることでしょう。

自分の外側にあるもの。今の状況や環境、毎日は自分の内側、心が出発点であるという視点で、自分の身の周りを見てみましょう。自分の心の在り方をほんの少し変えていくことで、自分の外側にあることが心地よく変化していきます。変化変容するということは、何かががらりと大きく変わることではありません。自分の内側、外側というその両輪を心地よく整えていくことで、いつの間にか、自然と、当たり前のことのように、自分が成長している、日々の中に幸せがあふれているということに繋がっていくのではないでしょうか。

4 自分らしく生きる「始まり」を感じる

自分らしく毎日を心地よく過ごしたい、という願いを持つ方は多くいらっしゃいます。それは裏を返せば、今の自分はどこか「自分らしくない」と感じることが何かしらあるからではないでしょうか。

では、自分がどのような姿であれば「自分らしい」のか、その姿を具体的に思い描ける人はどのくらいいるでしょうか。

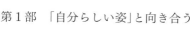

「自分は何者か」「自分らしさとは何か」という問いを持ち、自分自身に向き合っていくことは、人生に与えられた課題の一つかもしれません。言い換えれば、その課題に向き合い続けていくことそのものが、人生そのものに繋がっているとも言えるでしょう。

その答えを探すため、見出すために、自分探しなるものをする人もいるけれども、その答えは、実はすでに自分の中にあるもの、手にしているものなのではないかと感じることが、日々過ごす中ではあります。
自分の外側に何かを求めているようで、実はすでに、もう手にしているということ。答えはすでに自分の中にあるけれども、どこか遠いところにあるような、手にはできない難しいもののように感じていて、答え合わせをすることに時間をかけたくなる人もいるのではないでしょうか。

自分らしさの答えがどこにあるのかというと、それはあなたの生まれ持った気質、性格であったり、生まれ育った環境であったり、家族構成であったり、あなたの顔立ちや姿、外見であったり、今のあなたに繋がっていること、そのもののすべてがすでに答えの一つです。
「自分らしくない」と感じていることでさえ、そこに「自分らしさ」が発揮されているのではないかと感じています。

なぜなら他の人は、あなたが自分らしくないと感じているそれらのことに対して、特に何も感じることがないからです。あなたが「今の私は自分らしくない」「本当の私ではない」と思っている姿を、とてもあなたらしいと、そのように見ていることさえあります。

あなたが友人の顔立ちや姿を見て、「本当のあなたはそのような顔立ちではない」と思うことはあるでしょうか。生まれ育った環境や、家族構成などをみて、「本当のあなたはその家族の元に生まれる子ではなかった」と思うかといえば、そのようなことはないでしょう。自分だけがどこか、自分らしくないと違和感を抱いているものの、周囲はその姿をとてもあなたらしいと認識していることがあります。

生まれ育った環境や、顔立ち、姿等のことに関して、それがあなたらしさの一つだ、と言われることは、人によってしんどさや辛さを感じることがあるかもしれません。けれども「自分らしく生きよう」と願い、人生を歩もうとするとき、自分を表現するとき、発揮するときには、必ずその部分も「自分らしい」を構築する一つであり、そこにはちゃんと「自分が発揮されている」ということを受け入れる過程が、必要なのではないかと思うのです。

自分らしく生きていきたいけれども、どこか自分らしくいられないと感じるとき。これらの部分に対して、自分がどのようなことに抵抗を感じているのか、素直に向き合えていないものがないか、そのあたりを感じてみるとよいのではないでしょうか。

そこに何かしらの引っかかりや受け入れがたい気持ち、痛みや悲しみを感じるのだとしたら、まずはその部分に向き合い、癒し、整えていくことが、自分らしく生きることに繫がっていきます。

生まれ持った気質、性格を自分がどのようにもてあましているのか。もしくは生まれ育った環境、家族関係にどのような課題を感じているのか。自分の容姿、顔立ちや姿を受け入れられない何かがどこにあるのか。自分が自分として、この世に生まれてきた始まりの部分を丁寧にみていくことで、自分の中にある、すでに手にしている答えを、より深く感じることができるようになるでしょう。

5 「自分らしく」と「自分勝手」をはき違えない

「自分らしく」と「自分勝手」をはき違えないことは、自分らしく生きるときに大切にしたいことの一つです。これが私らしい生き方です、と自己を確立できることは素晴らしいことですが、その場に愛と調和が生まれていないのであれば、それは単なる自分勝手な生き方であるかもしれないと少し謙虚になって、自分を見つめる目を持つことも大事なことではないでしょうか。

「自分らしい姿」というのは、素直で柔らかい姿とも言い換えることができるのではないかと思っています。心を磨き、霊性を高めていくと、自分らしさというものがどのような姿であることか、だんだんとわかってきます。

それは誰に対しても、どのような状況であっても、素直に、気楽に自分を表

現できるようになるものです。その姿は周囲にとっても心地よい喜びを与えます。あなたがあなたらしく、素直で柔らかな姿でいることは、周囲にとっても愛と喜びが生まれることに繋がっているのです。

好きなことを好きなようにやることだけが、自分らしく生きることなのではありません。自分の気持ちを大切にすることができるのなら、同じように相手の気持ちも大切にすることができるようになります。

「自分らしく」と「我を通す」ことは違います。自分だけが、自分らしく生きることに喜びを見出し、周囲の人が心を痛めていたり、悲しい思いをしていたりすることに感性が響かないのだとしたら、それはまだどこかで、自分の中に未熟な部分があり、学び深めるものがあるというサインではないかと思います。

あなたの素直で柔らかい笑顔をみて、誰かの心が同じように素直で柔らかになることが、あなたがあなたらしさを心地よく表現しているということです。

あなたが、やりたいことをやりたいようにやることは大切なことです。それが自分らしいことなのか、我を通したわがままであるのか、どちらかわからなくなってしまう場合は、その姿が、誰かの喜びに繋がっているか、人から応援をしてもらえる姿であるか、誰かが悲しんでいないか、そのあたりを丁寧に感じてみましょう。

人から応援される、という部分では、心地よく前向きに応援してもらえることもあれば、反対や非難という形での応援もあることでしょう。

自分の願う生き方に対して、時に反対されたり、否定されたりすることがある場合、それを応援とは思えないかもしれません。

その場合は、その反対や否定の中に、あなたに対してどれだけの愛があふれているか、それらを感じてみることです。それらを感じられる感性がどのくらい自分にあるのか、どれだけ自分は心を磨いているか、自分自身を省みる姿勢も時に必要かもしれません。

自分のやりたいことができないからと、相手や環境、状況を悪者にして、自

分の願いだけを正当化していないか。心を磨き、霊性を高めていけば、そうした状況に対しても、大きな視点で物事を見通すことができるようになります。相手の立場や思い、状況にも、思いを馳せる、心を傾けることができるようになるものです。

そしてその視点で自分をもう一度、俯瞰してみたときには、自ずと自分の生き方、進む道というものがみえてくるはずです。「自分らしく生きる」ということがどのような姿であるのか、すでに自分の中にある答えにしっかりと、たどり着くことができます。

それは表面的には、我慢することだったり、じっと耐えることであったりすることも、流れや時期としてはあることでしょう。厳しい意見に耳を傾け、自分を律することもあるかもしれません。身動きできないような、辛い思いをすることも時にあるかもしれません。

そうした状況の最中では、それらが「自分らしい」ことのようにはとても思えないでしょう。自分らしくいられないから、好きなことができないからと、そこから飛び出すことも、もちろんできます。ですが時としては、その場でじっくりと思いとどまり、踏ん張り続ける中で自分の心を磨いていくことが、自分らしい生き方に繋がっていくこともあるものです。

今自分がいる場所が居心地の悪い場所だとしても、「住めば都」にすることはできます。今この瞬間からできること、やれることを大切に、自分の心を磨いていくことです。

成長途中は、今自分は成長をしている、とは感じられないものです。先の見えない、出口のないトンネルの中にいるような感覚を味わうこともあるでしょう。一歩一歩、一つひとつ、自分と向き合うことで、今までなら気づくことのなかった、人の気持ちや、その場の状況、環境などにも心を配れるようになっていくはずです。

そして、そうした経験を重ねていく中にも、「自分らしさ」というものが必ず発揮されています。ただ好きなことを好きなようにすることの中にだけ「自分らしさ」があるのではないのです。自分らしさと自分勝手をはき違えているものはないか、そうしたことに気がつくことができる、自分を謙虚に見つめることができる、そのような感性、心を磨く過程にも自分らしい姿というものがあります。

自分らしくいるときと、自分勝手にふるまっているとき、その違いを感じられる感性を磨くこと。それには、周囲との繋がり、関係にも心を向けていくことです。自分も相手も素直な心、柔らかな姿がそこにあるかどうかを感じていきましょう。

6 自分の良さを、まずは自分が最初に感じていくこと

毎日を心地よく、幸せを感じて過ごすときには、今の自分の状態がどうであるか、ということを客観的に感じられること。その感性を磨くことは大切なことの一つです。

過去でも、未来でもなく、「今の自分」が幸せを生み出しているという感性。これは「幸せ」という大元の部分に繋がっているように感じています。

今の自分をどのように受け入れているか。自分の良さというものをどのように感じ、肯定的に受け入れているか。そうした自己肯定の部分と幸せとは、切っても切れない繋がりがあると思うのです。

これは日本人の気質の一つなのかもしれませんが、長所と短所という部分で

自分を見通したときに、大抵の人が先に自分の短所を、すぐにあげることが多いのではないでしょうか。

自分の長所を誇るというよりも、短所の部分を直す、改善するということが自分にとって必要なことであり、それは改善しなくてはいけないもの、手を入れていかなくてはいけないもの、と捉えているように感じます。

今の自分をよりよく成長させるには、長所を伸ばすことよりも、短所の部分をよりよく改善していかなくては、という思いのほうが強くあるように感じるのです。

もちろん、短所的な部分をよりよい形で改善していくことは、ある場面、ある時期には必要なことかもしれません。ですが、自分というものを感じる際に、最初に短所的な部分の改善を感じることがくるのであれば、その順序を入れ替えること、すなわち長所を最初に感じるほうへと意図的に思考を切り替えてみてはどうでしょうか。自分を受け入れ、認め、自分の良さを感じていけるようになること。その感性を最初に持ってくる、その捉え方をできるようになることが、自分の幸せというものに繋がっていくのではないかと思うのです。
短所、という否定的な捉え方で自分をまず感じるのではなく、長所、という肯定的な捉え方、在り方で、自分の良さを最初に感じること。その感じ方の順番を入れ替えるだけでも、今の自分の在り方、生き方が変わってくることが、すでにいくつもあるのではないでしょうか。

それにはまず、良くも悪くも自分自身をしっかりと感じきってみることが大切だと感じています。私はこういう人だ、という自分なりに感じている自分の姿を今一度、いろいろな角度から視点から、見通してみることです。
自分が自分にどのような期待を抱いているのか。どのような願いを持っているのか。何を否定しているのか。どこが受け入れられないのか。自分はどのような自分でありたいのか。否定しすぎることなく、肯定しすぎることなく、自分が今思っている自分というものをしっかりと感じてみましょう。

そして、自分を表現する際には、まず自分の資質を肯定的に、前向きに捉えることから始める、という練習をしていきましょう。うぬぼれる、自意識過剰になる、ということではなく、素直に、自分の良さを感じられる感性を磨いていくということ。自分の良さを感じられる感性がある、ということは、それ以上に相手の良さを感じられる感性に繋がります。

まずはその物事、出来事を良い面から捉える、長所的に受け取る、という順番で始めていくこと。自分の良さをまずは自分が最初に感じていくことから、「幸せ」というものが生まれ、始まっていくのではないかと思っています。

7 気楽に、自分の幸せを作り出す

女性の毎日は忙しいです（もちろん、男性も忙しいと思います）。忙しい毎日の中で、その忙しさに飲み込まれてしまうと、当たり前ですが「自分の幸せ」を感じる時間もなくなってしまいます。

忙しい時間の中でも、その中でほんの少し、ひととき、「自分の幸せ」を感じられるようになる感性を磨くこと。女性はそれができるようになるだけで、忙しい毎日を彩り豊かな毎日へと変容することができるのではないかと感じています。

そのためにはまず「気楽さ」を感じることです。目の前にあることを、深刻な雰囲気、捉え方ではなく、気楽なノリで楽しんでみる、という世界に変えてみること。難しくしすぎない、複雑にしすぎない、単純に、簡単に、そのように物事を捉えていく練習を、さまざまな場面で繰り返していくことです。

たとえば、自分にとってはとても大変でしんどいことであっても、世の中の誰かにとってはとても簡単で、気楽にできること、というものがあります。

こうしたことを書くと、自分は能力がないから……自分にはどうせ無理だから……と、自分を否定したり卑下したりしてしまう方がいますが、ここではそうした能力云々……ということを伝えているのではありません。自分にとって「大変だ」と感じることは、あくまでも自分にとって……であって、すべての人にとって大変なことではないのだということを、頭の片隅で感じてみる、ということです。

自分にとっては重大に感じることであっても誰かにとっては、気楽に感じられる出来事であること。気楽に受け止められることであること。

人にはそれぞれ感性があって、どう感じるかはすべて自分が決めている、生み出している、ということです。同じ出来事を深刻に受け止める人もいれば、楽観的に受け止める人もいます。そうした感性の違いを、客観的に感じてみることが大事なのです。

自分の周りを見回したときに、心配性な人だな、細かいことが気になる人だな、と感じる人はいませんか？　あなたはその人の様子から、「このくらい大丈夫なのに……」「そんなに深刻に考えなくても……」等といった思いを、感じることがあるのではないでしょうか。

そのように感じている感覚を、同じように自分にも当てはめてみるということです。自分が大変だ、忙しくて何もできないと感じていることも、誰かにとっては「そんなに深刻に考えなくても大丈夫なことなのに……」と映ることもあるかもしれない、ということ。またそのように捉える練習をしてみること。心に余裕のないときほど、まずは「気楽さ」を取り入れてみようと、肩の力を抜いて、気持ちも体も少し緩ませてみましょう。違う視点からその世界を見る目を持つことを、受け入れてみませんか。まず、その感性を持ってみようという心の在り方から、すべては始まります。

そしてできるのならば、実際に心地よく、その気楽さ、ノリを取り入れて「自分なりの幸せ」を楽しんでいる人に出会ってみることをおすすめします。

目の前の出来事をどのように捉えているのか。どのような気持ちを味わっているのか。不安や悩みなどをどうやって解消しているのか。気持ちをどのように切り替えているのか。「気楽さ」を毎日の中に心地よく取り入れている人たちというのは、みな自分なりにその「気楽さ」「心地よさ」を作り出す方法を持っています。

その方法が自分に合うとは限りませんが、出会ってみること、触れてみることで、学べることがあります。

感性を磨くということは練習です。練習することで磨かれていくものです。もともとの気質、性質というものも、もちろん関わりがあるものですが、性格や気質も、自分の心がけ、心の在り方で、よりよい形へと磨いていくことができます。そこは筋力トレーニングと同じように、感性も練習することで磨かれる部分がある、ということです。

自分の性格が好きになれない、もてあましている……という人でも、練習することで自分自身を上手に扱えるようになっていきます。忙しい毎日の中であっても、どのような心の在り方でいたら、どのように時間を使いこなせたら、自分なりに心地よい時間、ひとときを作り出していくことができるか。心地よい喜びのある毎日に変容させていくことができるか。それは自分自身が練習するしかありません。

誰かがあなたの忙しい毎日を、幸せに整えてくれることはないのです。条件や環境に振り回されるのではなく、その条件や環境の中にあってでも、自分をご機嫌に、心地よい状態に保つ方法、心の在り方、というのは必ずあります。そして実際に、そうした世界で気楽に、穏やかに、毎日を笑顔で過ごしている人が、今現在、確実に存在している、ということです。

毎日の中にどのようなことを生み出せば、作り出せば、心地よい自分でいられるのか。それは、一杯の紅茶をいただくことかもしれないし、好きな音楽を聴きながら家事をすることかもしれません。

お金や時間をかけることで整う幸せもあるけれども、毎日の中にある、ほんのひととき、一瞬の幸せを自分なりに大切にしていくこと。その心の在り方を手にすること。難しく考えず、気楽に、それを許すこと。そうした自分でいられれば、ある面ではもう十分、満たされるものがあるはずです。

気楽に、ノリよく、自分の幸せを作り出してみる。まずはその心持ちを自分自身に与えてみることから、自分の幸せが始まるのではないでしょうか。

8 大事なことをちゃんと大事にする後悔のないように

目の前の小さな選択の繰り返しで、毎日ができあがっていると感じることがあります。今日は何を着よう、今日は何を食べよう、といった生活の中の何気ない習慣の一部にさえ、自分が何をどうするか、という選択、決定があります。

そうした小さな選択や決定を、自分はどのような心持ちで行っているのか。自分の選択、決定に対し、少し思いを馳せてみてください。なんだかそんなに深く考えもせず、毎日をやり過ごしているな、と感じる人もいるかもしれません。自分の気持ちや願いをあらためて感じ、大切にしてみるということ。何気ないことを大事にしていこうとする意識をもつこと。そうしたことも自分らしく生きることに繋がっている気がしています。

目の前にある小さな選択、決定に対しても、これは自分の素直な気持ちで後悔なく決めたことである、と迷いなく言い切れるものにすること。大げさかもしれませんが、そのように向き合ってみることで、今の自分を何か変えることができるのではないでしょうか。

小さなこと一つとっても、自分は何をどのように大切にしていきたいのかと、繰り返し自分に問う作業を繰り返していくと、逆にどのようなことに後悔が残るのか、という問いにも繫がっていきます。

時には究極の質問として、明日、人生が終わるとしたら、自分は何をやり残したと感じるのだろうか、何を後悔するのだろうかと、今の自分が感じる願いと後悔を感じてみることです。

毎日何を大切にしていくのかの前に「後悔すること」はどのようなことがあるのか、その部分も感じてみましょう。

そして、自分の選択、決定に対して、どのようなことに対しても「小さな後悔すらしない」と決めたとしたら、自分の心持ち、行動は今日からどのように変わっていくか、感じてみることです。

今、自分の目の前にあること。その毎日の選択に対して「小さな後悔すらしない」と決めることで、自分の願い、希望に沿った行動や選択がはっきりと見えてくることがあります。そして、自分の望む姿、喜びや幸せ、大切にしたいことがわかったら、それを実際に大切にしていくことです。

またこうして、願いや後悔といったことに心を向けるときには、すでに今手にしている幸せや喜び、豊かさについても、今ここに、ちゃんとあることに思いを向けていきましょう。

後悔すること、叶わない願い、というものがある反面、叶っていること、手にしている豊かさ、というものも必ず存在しています。

たとえそれが、当たり前に感じられるような、誰にでもある小さなものであったとしても、世の中すべての人にそれが与えられているかといえば、そうでは

ないことも確かなことです。自分の毎日は平凡で何もないと感じることがあったとしても、その平凡と感じている生活そのものが、誰かにとっては手に入れたい願いであるかもしれません。

今、ここにあるものを感じることができること。そしてそれらに感謝の気持ちを持つということ。その視点、感性があるということも、心豊かに自分らしく生きる上での大切なことの一つではないでしょうか。

明日人生が終わるとしたら……と、質問を受けたときに、感謝の気持ちを伝えたい誰かが思い浮かぶでしょうか。会いたくなる誰かがいるでしょうか。

今ここにある豊かさや幸せを感じながら、さらに、小さな後悔すらしない、という生き方を選択することで、今、思い浮かぶ後悔、心残りのことが浮かんできます。そしてそれらに向き合い、その部分をきれいに流すということが、素直なあなたになる、ということに繋がります。それは生き方に「嘘偽りがない」ということになるからです。

素直な姿、自分らしい姿、というのは、それぞれの個性を生かすということだけではなく、どのような場においても、そこに嘘偽りのない姿があることもまた、含まれているのではないかと感じています。

毎日同じことを繰り返しているような、流れ作業のように過ぎていく小さな選択についても、嘘偽りのない素直な自分でいることです。この選択に小さな後悔はないかな、と自分に問うてみることです。堂々と、私の選択はこれでいい、これがいいと言えるとき、とても素直で美しい自分に出会えるはずです。

嬉しい、楽しい、嫌だ、といった素直な感性で目の前の小さな選択、決定に向き合いながら、嘘偽りのない柔らかな姿でいること。

そうした感性、感覚を、今一度呼び覚まし、毎日の小さな選択の中に生かしていくことで、また一つ、あなたがあたらしく、心地よく生きるという姿が表現されていくのではないでしょうか。目まぐるしい日々の中であっても、大事にしたいことをちゃんと大事にしていきましょう。小さな後悔すらないように。

9 頑張らないことがうまくいくときもある

前向きに頑張る、という姿勢は素晴らしいことですが、時にそれが空回りのようになってしまうこともあります。

目の前のことに一生懸命取り組んでいても、なかなか成果が出ない……ということは、誰でも経験したことがあるでしょう。何をしてもうまくいかないと感じるときには、目に見えない大きな壁が自分の前に立ちふさがっているような気持ちになるかもしれません。

またそのような状況、心境のときには、周囲の人の取り組みや頑張りが順調に、うまくいっているように見えたりもして、妬んだり、拗ねたりする自分になることもあるかもしれません。そしてそのような自分に自己嫌悪を抱いたり、何もかも嫌になってやる気をなくしてしまったり……悪循環に陥り、より落ち込んでしまうということもあるかもしれません。

私は、自分を理解する作業の一つとして数秘術を学びましたが、その際に、「運気の流れ・波」があることを知りました。

数秘術ではみな、平等に、運気の波が順番に上がったり下がったりします。この法則は誰に対しても同じように当てはまるものであって、私だけは違う、というものではありません。

ただ、人それぞれにその順番、上がる時期、下がる時期の違いはあります。自分が上がる時期に、下がる時期の人もいますし、またその逆ももちろんあります。ですから、自分が何か一生懸命頑張ってもなかなかうまくいかない、結果や成果に結びつかないというときは、自分にとって、今は成果や結果が形になるという流れの時期ではないということもあるのです。また、周囲の人がいい状態にあるのは、その人の運気の流れが、追い風に乗ってぐんぐん進むときであるからかもしれません。

誰でもみな、平等に、その流れはあるのですが、その時期についてはそれぞれ違うのだということ。それを理解すれば自分がうまくいかないと感じることや、周囲の人が活躍をしていることなどは、みなそれぞれの流れの違い、ただそれだけのことだと落ち着いて感じられることがあるのです。

みなそれぞれ運気の流れがあることを理解していくと、目の前の状況に対して、自分が抱く思いがまた違ったものになっていきます。

頑張ってもうまくいかないと思っていたことが、実は、今は頑張らなくてもいい時期である、ということになるのかもしれません。もしくは、自分は頑張っていると思っていたけれども、その頑張り方が違った、ということになるのかもしれません。

春夏秋冬、季節が移り変わるように、私たちの毎日の中にも、時期、流れというものはあるのだと思います。

冬の寒い時期には桜が咲かないように、頑張っても成果が現れない、見えないという時期はあるものです。それは成果を手にできないということではなく、春になれば自然と桜が咲くのと同じで、その時期がくれば、そのように流れていくものであると言えるでしょう。

冬には冬の時期だからこその、やること、自然の流れというものがあります。今すぐ花を咲かせようとするのではなく、寒さに耐える中で春を迎える準備をすることが、冬の時期の過ごし方でもあります。

それぞれの時期に、それぞれにやること、流れることがあります。その自然の流れに沿っていくという感覚、心の在り方、そして生き方を手にしていくことが、毎日を心地よく過ごしていく、一つの在り方に繋がっていくのではないでしょうか。

物事に何か行き詰まりを感じたり、自分の願うように運ばれていかないと気落ちしたりすることがあるときは、時期や流れという視点で、それらを捉えてみることも大切です。

自分は頑張っているのに……という不平や不満が、実は冬に桜を満開にさせようとしていることなのだとしたら、単純に、それは自分の力の入れ方、頑張る方向が違うということがわかるでしょう。不自然なことであり、無理があることでもあることを理解できるようになります。

頑張らないことが、うまくいく時期というものもあります。それは決して、手を抜くとか、適当にやるとか、そのようなことではなく、その時期その時期に合った展開がある、ということです。

その時期がよくわからない。何をどうしたらいいのかわからない。不平や不満が心の中を占めてしまうという場合には、単純であること、素直であること、自然であること、その方向へと心を切り替えていくことです。

それは結局、目の前にあることに対して、素直にそれらと向き合うということの繰り返しになるのです。うまくいかないとか、評価されないとか、結果が出ないとか……、そのように思うこと自体が、「今はその時期ではない」「他にやることがある」というお知らせなのかもしれません。

不安や悩みは、誰でもみなあるものです。それらを悪者にする必要はありませんが、必要以上にとらわれすぎないことも大切です。

季節の移り変わりがあるように、人生にも自然な流れがあるのだと気楽に捉えてみることです。うまくいかないと感じるときは、今はその時期ではないという、単純なことだけかもしれません。その時期にできることを、できるだけ、やれるだけの感覚で、素直に向き合ってみることが自然な姿、流れに添うということでもあります。

時期や流れを知り、それらの流れの通りに気楽に素直にいること。頑張らないことがうまくいくときもあること。心が焦るとき、不安が募るときは、その心の在り方で日々を過ごしてみてはいかがでしょうか。

10 「どのような状況であっても、それはやらない」という静かな発信が信頼へと繋がっていく

幸せになることは、何かを前向きに取り組んでいくことで開かれていく印象がありますが、実は反対の発信が大切なのではないかと感じています。

たとえばそれは、人に親切にする前に、まず人にいじわるをしない、という姿です。ある人には親切にできるけれども、ある人には親切にできず、逆にいじわるをするというのではなく、まずはどの人に対しても私はいじわるをしない、という姿勢でいることです。

その時々の状況によって、心の在り方や行動の姿勢を変えてしまうのではなく、どのような状況でも、どの人に対しても、同じように「しないこと」「やら

ないこと」をまず持つこと。そうした姿でいることは、自分の心を強くすることに繋がり、周囲にいる人たちにとっても、信頼という形になり得ます。

信頼というものは、実際は姿形のないものであり、何をどうしてそれらがそこにあるのか確かめる方法というのは、その時々に心で感じるものでしかないのかもしれません。

けれども「信頼関係がそこにある」と、お互いがそう思えること。そうした心持ちで結びついていると心で感じられること。形としては見えないけれども、確実に、今ここにあると感じられるものがあるということが、時に自分を支えるものになるのではないでしょうか。

「幸せ」を表すものとは、きっとこうした心で感じる物事も多分にあると思うのです。信頼する、信頼されるという、お互いの心の働きが「今ここにある」ということが、あなたの幸せの一つになるのだと思います。

人が幸せに向かっていこうとするとき、まずは理想とする姿に向かって、こうなろう、あれをやろうと、やることに気持ちが向いていくと思います。

ですが、ここではその前にある「やらないこと」をまずしっかりと、自分の中の軸にすることをお伝えしていきたいです。「やらない」ということは、一見すると消極的なことでもあり、姿形として見えにくいことですが、ちゃんとそこに「あること」でもあります。

見えにくいことでも、わかりにくいことでも、やがてそれは、周囲の人たちへじわりじわりと浸透していくものです。あの人はそのようなことをする人ではない、という信頼がそこに生まれます。それは派手さもなく、目立つものでもなく、静かな発信ではありますが、そこには確実に、安心、信頼があります。

「やること」ではなく、「やらないこと」を続けていくことは、周囲の人との信頼関係を少しずつ深めていくことに繋がっています。なかなか見えづらい、感じづらいことでもあり、ある面では消極的な姿に映るかもしれませんが、いつも変わらないその姿でいることが、あなたという人を表現する、十分な発信になっていくのです。

あれをしよう、これをやろうと、理想とする姿や形になろうとして、やることをどんどん増やしていくのではなく、まず「やらない」ことをはっきりとさせていくという在り方。足し算ではなく、引き算で。何かを増やすことで、願う幸せを手にしようとするのではなく、やらないこと、しないことで、心の在り方、行動の仕方を、定めていくことです。

やらないことをはっきりさせることが、幸せの一つの姿、形に繋がっていくとしたら、あなたは何を「やらない」と決めるでしょうか。

たとえば、自分がされて嫌だったことは人にはしないと決めたとき、自分が嫌だった出来事はどのようなことがあったでしょうか。

「やらない」という選択は、静かで消極的な発信、表現だと言いましたが、実は裏を返せば、それは積極的な消極行動とも言えるものです。「人にされて嫌だったことは自分はやらない」ということは、そこで感じた痛みや悲しみを自分のところで終わらせる、という前向きな意味、取り組みでもあります。

自分が感じた痛みや悲しみを、他の誰かへと同じように与えるのではなく、自分はしない、やらないという選択で、その連鎖を終わらせていくということ。そこにはとても大きな勇気と、心の器の広さ、力強さが含まれているのではないでしょうか。

人に親切にしましょうの前に、人にはいじわるをしない、という決断があります。たとえ人に親切にできなくても、まずは嫌なことをしない、いじわるをしない、という静かな発信。

「やらない」ことですから、変に頑張る必要もありません。地味だけれども、見えにくいけれども、そこには確実に、安心や信頼といった部分へと繋がる確固たるものが存在するということ。「やらない」という消極的な選択、発信は、同時に、自分のところで終わりにする、という力強い前向きな選択も含まれているということです。

「幸せ」と表現するものの姿は人それぞれであり、いろいろな姿形があると思いますが、その「幸せ」と言われる中の一つには、こうした「やらない」という表現から生まれる形が何かしらあるはずです。

やることばかりに気持ちが向いて、心が焦ったり、追いついていかなかったりすることがあるときには、「やらない」という選択に、心を働かせてみてはいかがでしょうか。自分が大事にしたい、大切にしたいことが、だんだんと定まり、静かな決意、発信へと繋がっていくことでしょう。

あなたは何を「やらない」と決めますか？

11 「心の豊かさ」も、学ぶことの一つ

以前、小学校の教員をしていました。そこでの印象深いことの一つに、「感性も学ぶことの一つである」という言葉がありました。理科の授業研究をしていたときに、指導してくださった先生から教えていただいた言葉です。

「美しい」という言葉がありますが、実際、何をどう美しいと思うのか、その価値や基準は人それぞれです。子どもの頃はそうした価値や基準といった明確なものはまだなく、そうした感性も周囲の大人が教え、伝え、そして子どもが一つひとつ知ること、学ぶことで、感性は磨かれていくというお話でした。

私は、この言葉がとても印象に残っています。感性というものは、生まれながらにして備わっているもので、本人の資質の部分であるものと、そう認識していたからです。

それが、感性も学習をしていくものであるということ。そして知ること、学ぶことで、さらに磨かれていく部分、成長できる部分もあるのだということに感銘を受け、ノートにメモを取ったことを覚えています。

子どもたちにどのような言葉がけをすれば、子どもの感性がさらに磨かれていくのだろう、よりよい成長に繋がっていくのだろうと、いろいろ考えていたことを懐かしく思います。

美しい夕日を見て、「今日の夕日は美しいね」と言葉にすることで、子どもはあの夕日が、あの輝きが「美しい」と表現されるものなのだと感じることができます。美しい夕日を一緒に眺めたという経験と、「美しい」という言葉が一つになる瞬間がそこにあります。

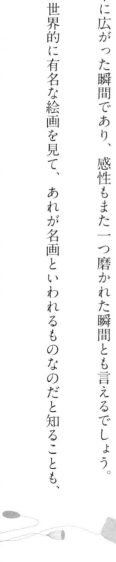

「美しい」と表現できるもの、そうした現象、その世界がまた一つ、子どもの中に広がった瞬間であり、感性もまた一つ磨かれた瞬間とも言えるでしょう。

世界的に有名な絵画を見て、あれが名画といわれるものなのだと知ることも、その一つといえるかもしれません。芸術という分野は大人になった今でも、すべてを理解することは難しいでしょう。それこそ、人それぞれの感じる世界があっていいものです。その絵が、どれほど素晴らしいものなのか。なぜそれほどの評価を受けているのか。自分はそうは思わない、それほど評価しない、という自分なりの感性があっても、もちろんいいと思います。

ですがその反面、誰かの心には大きな感銘を与えるほどの力を持っているものであるのだと、心を向けてみることができるのなら、それは自分の感性の枠が一つ、広がっていく機会になるのではないでしょうか。

そこに「素晴らしい」といわれる世界があるのだということ。その絵を見て「あの絵が素晴らしいといわれているものなのだ」と知ること、感じること。そのように、感性という部分も知ること、学ぶことで磨かれていくものだという視点をもつことで、目の前の出来事や現象に対して、心の反応の仕方がまた違ったものになっていくのではないでしょうか。

子どもが素直に、いろいろなものと出会う過程で感性を磨いていくように、大人になった今でも同じような感覚で、もう一度、自分の心を磨いてみる。素直な柔らかな視点を得てみる。そうしたことを自分に与えていくことで、また一つ豊かさや幸せを手にすることができるのではないかと感じています。

心の豊かさ、感性も学ぶことで磨かれていくものであると、まずは受け入れてみること。そして、他人が感じているもの、見ている世界を同じように「学んでみる」という心の在り方を持ってみること。素直な姿勢で向き合っていくこと。

無理矢理、あれは名画なのですから、あなたも名画と感じましょう、ということではありません。なぜあれが名画といわれているのか、どういった部分が素晴らしいのか、そこに心をよせてみる、ということです。

そうすることで、そこに新たな世界が現れます。ただ夕日を眺めていた子どもが、「美しい夕日だね」という視点を授けてもらえたことで、そこに美しい世界が生まれたように、誰かの感性に触れることで、同じように、自分の心の中に新たな世界が生まれるのです。

そしてそれは「私はそうは思わない」という否定の中にいる人たちにとっては、決して見ることのない、生きることのない世界でもあります。

感性を学び、磨くということの意味は、この「新たな世界で生きる自分」が生まれることでもあります。ただ淡々と夕日を眺める世界で生きていた自分の中に、美しい世界があることを感じて、生きる自分が生まれるということ。今までだったら見えなかった、感じられなかった世界の中に、実はたくさんの幸せや豊かさや喜びがあふれていたのだとしたら……。それを知らずにいることは、少しもったいないような気もしませんか？

そしてこの世の中には確実に、同じものを見ながら、同じ瞬間に、そうした喜びや幸せの世界の中で生きている人がいます。心を磨き、感性を磨くことで、自分の中に彩り豊かな素晴らしい世界が生まれていきます。

自分はまだまだ、感性を磨くことができる、心を豊かにすることができると、そのように許し与えることで、今この瞬間に新たな世界で生きることができるようになります。「感性も学ぶことの一つである」という視点で、自分はそうは思わない、何も感じられないと思っていた世界にも、柔軟に心を開いてみることです。

心を開いてみたものの、そうは感じられない、共感することができない、という世界ももちろんあるでしょう。けれども出会うもの出会うものに対して、すべてのその入り口が否定から入ってしまうのだとしたら、それはいつまでたっても、自分には見えない世界、生きられない世界があるということです。

少し、心の働きを変えるだけで、受け入れてみるだけで、今まで存在しなかった世界が今、瞬間、ここに生まれるのだということ。それをかたくなに、私はそうは思わないと力む必要もないのではないかと思います。「心の豊かさ」を学ぶことで、今この瞬間にあなたの中に素晴らしい世界が生まれるのです。

自分の感性を磨くことで、開かれていく世界があります。今ここに何もないと思っているものの中に、すでに美しさや輝き、豊かさがあふれていることに気づくはずです。

12 優等生を演じることをやめてみる

そのときその場で、人それぞれ立場や役割というものがあるでしょう。その立場でいることで、前向きに頑張れることがあります。また逆に、その立場であるが故の苦しさというものも場合によってはあるでしょう。みな心のどこかでは、与えられた役割をしっかりと果たそうと頑張っているものです。

女性が毎日を幸せに心豊かに過ごしていこうとするとき、こうした役割や立場に対しても自分なりの捉え方、向き合い方を整えておくことは大切なことであると感じています。

その一つは、役割や立場を義務にしない、ということです。……べき、……ねばならない、という自分なりの思い、責任感などから、自分の中で勝手に苦しさを生み出してしまうことがあります。

その役割や立場は、あなたの人生を豊かにしたり、心の支えにしたりすることはあっても、役割に縛られて苦しいものにしたり、しんどいものにしたりするものではないということです。

立場にとらわれすぎず、役割を演じ過ぎず、その立場や役割が与えられていることを楽しめる心の在り方を手にすることができたら、あなたの毎日は心地よい豊かさと、適度な充実感で穏やかな幸せに包まれるのではないでしょうか。

たとえばそれはよい娘であろうと無理をしないこともそうですし、よい妻やよい母になろうと頑張りすぎないこともそうです。娘であることや、母親であることが苦しいのではなく、そこに自分の理想とする姿であろうとすることや、誰かの期待に応えようとすることがあるからこそ、それがときに負担を感じるものになってしまうのかもしれません。求める姿に向かって努力することは素晴らしいことですし、時には必要なことでもあるでしょうが、それを自ら辛く苦しいものにすることはないということです。

何かの折、役割や立場が負担になることがあるのなら、それは理想とする姿や期待される姿になろうと頑張りすぎていないか、自分の心の在り方、行動の仕方を見つめ直す大切なお知らせなのかもしれません。

相手からの期待を感じ、そのものになろうと頑張っていても、頑張ってできることとできないことはあるものです。どんなに努力をしても、認められないこともあるし、叶えられないものもあるでしょう。またその努力そのものが場合によっては、必要のないものかもしれません。役割や立場を苦しいものにしてしまう人は、真面目で頑張り屋の人でもあるのではないでしょうか。

相手の期待に応えようと頑張るあまり、頑張ってもできないことに対して、自分の努力が足りないのではないかと、自分をダメな人にしてしまうことがあります。期待に応えたいという願いや、……ねばならない、という義務感などもからみあって、必死に別の誰かになろうとしているのかもしれません。役割や立場に対して、辛かったりしんどかったり、時に負担に感じてしまうことがあるのなら、その役割や立場に対して少し頑張りすぎている自分を感じてみましょう。

簡単に言うならば、良い子でいることをやめてみることです。優等生であろうとする、その気持ちを手放していくことです。

理想の姿を求めて頑張っている人は、その姿が本当に自分の目指す姿であるかどうか、心の内を感じてみてもよいでしょう。相手の期待に応えようと頑張っている人は、その期待が誰のものであるのか、丁寧にみていくとよいでしょう。あなたのため……という言葉を使いながらも、あなたのためではなく自分のために、期待をかけている人もいます。その期待は、自分のものであるのか、それとも誰かの願いをかけられているだけのことなのか、そのあたりの見極めも必要です。

期待に応える姿は、周囲にとっても喜びです。

ですが、期待に応えられなくても、あなたがあなたであることそのものが、周囲にとって喜びの姿でもあるのです。

もし頑張らなくては、期待に応えていなければ、あなたを認めないという人がいるのだとしたら、それはあなたのための期待ではなくて、自分の思いや願い、都合がそこにあるのかもしれません。あなたという存在を通して、自分の都合をそこに見出しているのです。

またあなた自身がどこかで、完璧な自分でいないと評価されないという怖さ、恐れをもち、評価されるために頑張り続けていることがあるのかもしれません。

優等生でいること、できる自分でいることは、自分にとっても自信になり、誇りを持てることでもあるかもしれません。その役割や立場に誇りと自信をもって、堂々としていられる自分であることは、自分にとっても周囲にとっても喜びの一つの姿でもあるでしょう。けれども、「絶対にそうでなければいけない」ということではありません。

役割や立場を苦しいものにしないこと。しんどさや辛さを感じるときには、

「そんなに良い子じゃなくても大丈夫」「そんなに優等生になろうとしなくて大丈夫」そのようにふっと自分を気楽に許せる自分になりましょう。

与えられた役割や立場を心地よく楽しんでいける自分であるように。

13 そのままでいい、と思える姿を感じてみる

何か頑張っていることがないと、自分の存在価値がないと感じている人がいます。何もせず、怠惰な姿でいることに罪悪感を抱く人がいます。何かにかられるように、一生懸命誰かの役に立とうとする人がいます。そのままでいい、ありのままの姿でいいと言葉ではわかっていても、自分の存在をそのように捉えることが難しい人がいます。

役割や立場に対しても、ついつい頑張りすぎて疲れてしまう人は、こうした思いが行動の大元、素地となっていないか、感じてみることも必要かもしれません。

何もせずそのままの自分でいることに対して、あなたはどのくらいその姿を

許しているでしょうか。純真無垢な赤ちゃんや無邪気な子どもの姿を見ると、たとえそれが泣いている姿であっても、ほほえましく感じることがあるでしょう。そのままの姿でいることで、誰かの喜びや幸せに繋がっていると、感じられることはありますか。ただそこにいてくれるだけでいいという思いを、誰かや何かに持ったことはあるでしょうか。

その姿がそこにあるだけで喜びや愛しさがこみ上げてくるという感情や気持ちを、誰かや何かに対して感じたことがある人は、そこに役割や立場といったものの存在が、全く必要ないことがおわかりになるでしょう。

なかなか難しいことかもしれませんが、あなたが誰かに対して、そのような気持ちになるように、自分の姿も誰かにとっては同じような気持ちであると、そう捉えることはできそうでしょうか。ただそのままの姿でいるだけで、誰かの喜びに繋がっていると、自分をそのように受け入れることはできそうでしょうか。

あなたには、ただそこにいてくれるだけでいいと、そのように願う人はいるでしょうか。あなたにそう感じる人がいるのなら、あなたも同じように、誰かにとってはそうした存在であるということを感じてみてください。

周囲の人にはそう思えても、自分だけはそのような存在に思えないと感じることもあるかもしれません。また、自分のことをそのように見通してくれる人なんて周りにはいない、と感じることもあるかもしれません。それは、実際に誰がそう思っているのかと、人を探すことが目的なのではありません。

あなたが誰かをそのように思うのと同じように、あなたも誰かにとっては喜びであり、幸せの存在であるという考え方、捉え方を自分の中に受け入れてみましょう、ということです。

人はみな、誰かに認められたいのです。受け入れてほしいのです。自分がここに存在する意味を誰かや何かから見出したいのです。

それは生まれながらにして持っている、共通の願いです。ですから、役割を持たなくても、立場がなくても、どんな自分であっても、人は自分を認めてほしいという願いがあります。

だからこそ、まずは自分自身が、その願いを叶えていくことが重要ではないかと感じています。役割や立場がなくても、何もできなくても、そのままでいるだけで許されている存在であることを、まずは自分が自分に、認めていくのです。

良い子でなくても、優等生でなくても、そのままの自分でいることの中に、喜びがあるのです。一生懸命頑張って、誰かの期待に応えても、押し殺した自分がそこにいるのなら、そこに喜びは生まれないのではないでしょうか。

今、そこにいてくれるだけで嬉しくなったり、勇気が湧いてきたり、心が満たされたりする人があなたの中にいるのなら、それはもう十分、人生の豊かさ、幸せ、真実を手にしているのだと思います。

その人を大切に思うのと同時に、自分もまた同じように、この姿でいるだけで誰かにとっての幸せに繋がっているのだという前向きな思考、肯定を自分に許してみてください。

頑張らなくても、期待に応えなくても、あなたが素直な姿でいることが、誰かの喜びに繋がっているのだと信頼していくことです。頑張っていないと、誰かを悲しませるのではないか、がっかりさせるのではないか、という思いから自分の存在価値を見出し自分を奮い立たせているのであれば、その方法ではいつか疲れてしまうこと、そこに喜びは生まれないことを感じていくことです。

誰もがみな自然で素直な姿、そのままの姿で繋がっている喜びの世界があります。頑張りすぎてしんどさを感じてしまうときは、役割や立場にとらわれすぎず、義務感を手放して、その世界で心地よく生きていくことを、まずは自分が許してみませんか。

14 今いる場所が嫌な場だとしても、それは自分がその場にいることを許されている場所

突然ですが、あなたは一生、今の場所、環境にいると思いますか？

その質問をしたときに、心の中に何かしらの思い、答えが浮かびあがることでしょう。今の場所が良い環境の場合は、一生このままがよいと思うでしょうし、居心地が悪い場所、環境の場合は、いつかどこかで、そこから立ち去る日がくることを感じるのではないでしょうか。ではいつ、そこを立ち去るのか。その行動を起こす時期が「いつかはやってくる」という未来に繋がっていきます。

その時期に関しては、まだ具体的にはっきりしない、なんとなくぼんやりと感じていることであっても、「いつか必ずこの状況や環境に終わりが来ること」

については、心が定まっているといえるのではないでしょうか。あとはそのときがくるまで、ある意味淡々と日々を過ごす。動き出す日をじっと待っていればいいだけのことかもしれません。

とにかく今この場所にいるのが嫌だ、環境を変えていきたいのだと、心の声がそう叫ぶのであれば、その心のままに動き出せばいいことでしょう。ですがそこまでの勢いや理由がない場合、その時期をいつにするか、または、その時期がいつかやってくるものなのか、漠然とした思いのままで日々やり過ごしているのではないでしょうか。

一生この場所にいることはない、という確固たる答えが心の中にはありながら、けれどもそれは「今」ではないと思うのであれば、焦ってその時期を決める必要はないのかもしれません。「いつか」という終わりが来るときまで、続けてみること。動き出す時期が来たら、逆に、その場にいたいと願っても、何をどうしても、いられなくなることもあるでしょう。

それは言い換えると、今のこの場所は、自分に与えられているものである、といえるかもしれません。この場所は、この環境は、私の願っている場所ではないという思いがたとえあったとしても、今この現実に与えられた場所、許された場所は、今あなたがいる場所ということです。

いつか必ず、この場所から自分は別の場所へと動き出すのだと、そうした確固たる声があるのなら、あとはただ、その「いつか」がくることをある面ではのんびりと、大らかに待っていればいいだけなのかもしれません。もう二度と、今この場所で過ごすことはなくなるのだと思えば、今日一日はもう少し、この場所にいることを楽しんでみてもいいかなと、そのように捉えることもできるでしょう。

終わりが来ることを、ある面では淡々と待つだけでいいと言われたら、どのような気持ちになりますか？　そんなに悠長に待っていられない。もっと早く動きたい。そう思う人は、その場から立ち去る日が近いのかもしれません。けれどもどこかでホッとする。のんびり構えていていいのだと気持ちが少し楽になったり、安堵の気持ちが生まれたりする人は、まだもうしばらくその場所があなたの居場所だよ、そこであなたにできることがあるよ、ということかもしれません。この場が辛い、しんどいと、大変な部分にだけ目が向いていたときには気がつかなかった、その場の良さや楽しさ、幸せをもしかしたら感じられるようになるかもしれません。

いつか必ず、もう二度と、この場所で、この人たちで、この環境や状況で、こうしたことが味わえなくなるのだと、そのように今の世界を見通してみることで、今目の前にあることとの視点が変わります。そこにある幸せや豊かさ、喜びに目を向けてみましょう。今日一日だけは目の前にあること、環境、状況に対して前向きに取り組んでみようと、気持ちを切り替えることもできるでしょう。

そうして、今自分がいる場所を少しでも心地よく、気楽に、受け入れてみることです。隣の芝生は青い、ではありませんが、その場を手放してから、実はとても恵まれていた場所であったことに気がつくこともあります。今、自分がその場にいるということ。そのものが与えられたものの一つでもあります。

この場があなたの人生に許された、許可されたものである、ということであるのならば、今自分がここにいることの意味を、自分の中でしっかりと感じ取っていくことです。

人や環境と本当に合わないのであれば、ちゃんとその場から去ることになります。去るときが必ずやってくるのですから、そのときがくるまで、自分に与えられているものをきちんと受け取っていくことです。

今ここで受け取ること、得ること、学ぶことが何かしらあるのだという姿勢でいるときは、自分の外側にあるものに意味や理由をつけて何かを否定したりすることは少ないのではないでしょうか。不平や不満、文句ばかりの自分が別の場所に行ったとして、次の場所では何事もなく自分の願うように過ごしているでしょうか。

そのように考えると、今この場にいる間に、自分の内側、心もしっかりと磨いていくことではないかと感じています。

一生この場所にいることはないのだから、ここで学ぶことはない、ということではなく、いつか立ち去るこの場所だからこそ、自分が何かを得て学び深めるものがあるのだと、そのような捉え方で過ごしていくこと。

自分の心を磨くこと、器を広げていくこと、霊性を高めていくこと……というと、崇高な表現になるかもしれませんが、今、自分がいる場所は、与えられている環境は、自分を磨くために授けられた崇高な場所であると、そう受け取ってみることで、今自分がここにいる意味が見えてくることがあります。

いつか必ず、今の場所には、この環境には、いられなくなるときがきます。そのときに、居心地が悪く逃げるようにしてその場を去るのではなく、この場で、環境で、私はしっかりと心を磨き、ここでの学びをきちんと終えることができたと、まっすぐ前を見て、気持ちよく次の場所へと進んでいけるよう、そうした姿勢で今の場所を楽しんでみることです。いつか必ず終わるのですから、終わりが来るそのときまで、自分ができることはなんだろうと、自分自身と向き合ってみることです。

そうした姿勢で、自分自身と真摯に向き合うとき、あなたがその場を気持ちよく卒業する時がやってくるでしょう。あなたがそこでの学びを終えたとき、次に向かっての準備が整ったときに、次の世界は動き始めていくものです。

すべての人に、人生の流れがあります。次の展開に向けて動き出す流れがやってくるその日まで、今ここにいる意味を大切にする在り方を手にするからこそ、次の場所に行っても、またその場、そのときを大切にできるのではないかと感じています。

あなたがそうした心持ちで、今いる場所を大切にし始めたら、周りもあなたのことを同じように大切にしてくれるでしょう。気が合わないと思っていた親や兄弟、友人や上司、部下の態度の中に、あなたを大事に思ってこその言葉があったことに気がつくかもしれません。

自分が真実だとみていた世界が、実はとても浅い場所で、表面的なものしか見えていなかったのだとしたら……。言葉や態度、目に見えているもの、外側に表れているものの中にある、言葉にならない気持ち、言い表せない態度、そうしたものを見通せる心の目を手にしたら、今いるこの場所に、どれだけの奇跡があふれているかがわかるのではないでしょうか。心の奥底から愛と感謝の気持ちがあふれてくることをきっと感じられるはずです。

自分のいる場所を、心地よく整えていくこと。いつか必ず、この場所から卒業をする日がやってくるのですから。

その日を迎えるまで、自分も、自分の周りにいる人もこの場にいることを許されているのだという在り方で。与えられた場を穏やかで心地のよい場所や空間、環境へと自分自身が整えていきましょう。

第2部

「恐れや悲しみ、ネガティブな心」と向き合う

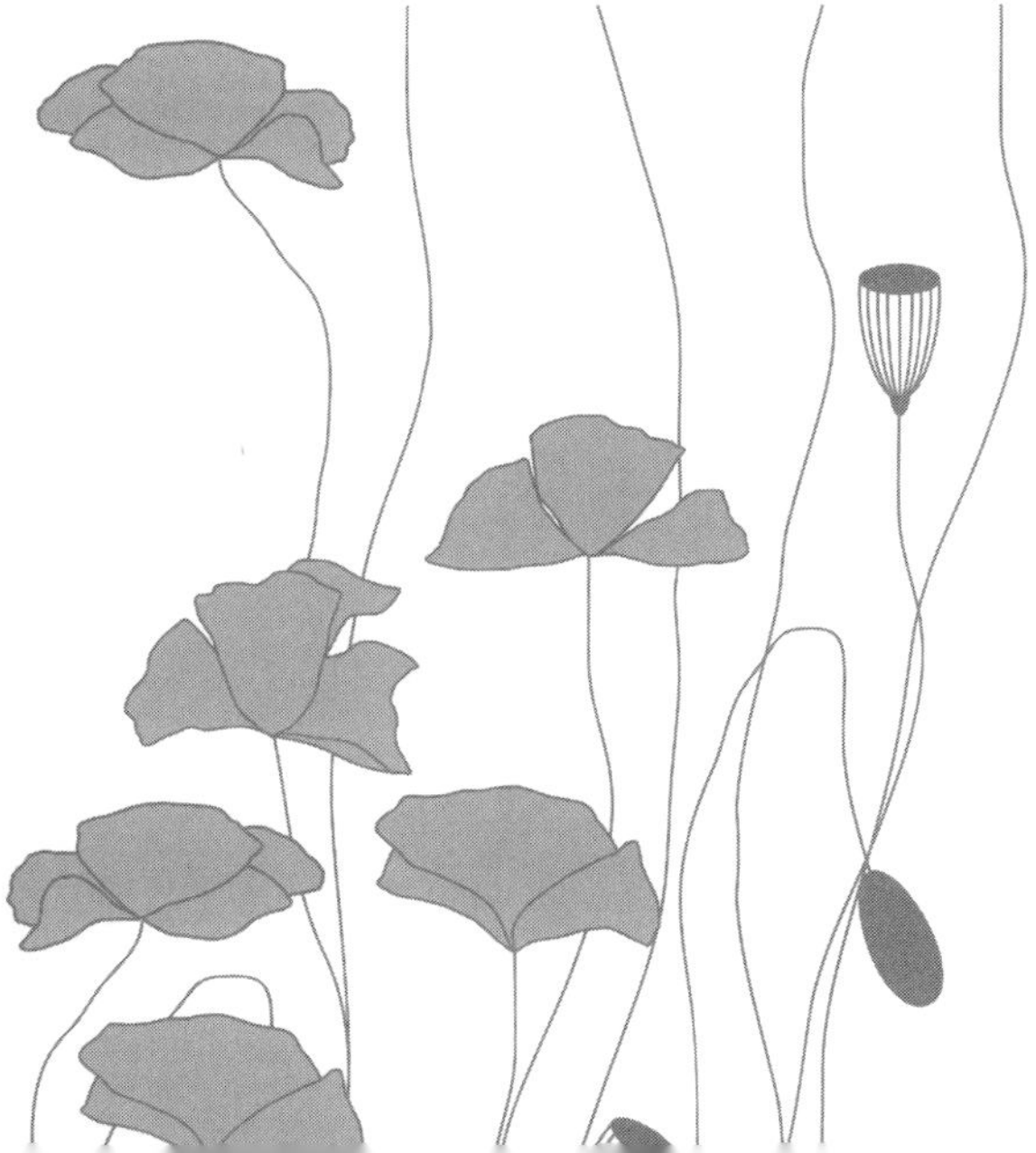

1 不平、不満とも仲良くつきあう

女性が毎日を心地よく過ごすには、「時々愚痴を言う」「不平や不満を吐き出す」ことも大切なことの一つだと感じています。

日常の中にある、小さな不平不満。それらを誰かに聞いてもらうことや、自分の気持ちを理解してもらうということ。そうした場がほんの少しあるだけでも、女性は元気になれたり、前向きに頑張れたりするものです。

ストレス発散と称して、派手にお金や時間を使わなくても、気持ちを聞いてもらうだけで、話すだけで、心が前向きに切り替えられるのは、女性の持つしなやかな性質の一つではないか、と感じています。

「話をする」「話を聞いてもらう」という、ただそれだけのことで、心のバランスがとれることがあります。自分の内側にあるモヤモヤした思いが、言葉になり、外側に放たれ、受け止めてもらえる、ということ。その流れがあるだけで、十分に満たされ、満足することもあるのです。

それは、具体的に何かが解決できるような助言がほしいということではなく、「話すこと」「聞いてもらうこと」そのものが、心地よい毎日を生み出すための調整だったりするのです。ですから、「話す場があること」「聞いてもらえる人がいること」というのは、とても豊かで、ありがたいことなのです。

自分はそうした場がある、そうした人がいる、ということ自体が、幸せであり、豊かさの一つであると、あらためて感じてみましょう。これはお金を出して何かを解決する、解消する、というものとは全く違う豊かさです。

今これを読みながら、誰か具体的に思い浮かぶ人がいるのなら、その人はあなたにとって、あなたの幸せを支え、整えてくれる大切な人である、ということです。

その上で一つ、忘れてはいけない大切なことがあります。それは「聞き手となってくれる相手のことも思いやる」ということです。

心のバランスを取るために、調整をするためになら、相手は誰でもいい、聞いてもらえればいい、ということでもないでしょう。話を聞いてもらいたい人、またはこの人に話そうと、そう思う人がいると思います。この人だから言える、話せるという思い。愚痴を言う。不平や不満を言う。または弱音を吐く。それら後ろ向きな話をする、聞いてもらうときには、自分のそうした相手への期待があることを頭の片隅に入れて、耳を傾けてくれる相手側の状態を想像する、慮ることも忘れずにいることです。

愚痴を聞いてもらって、心の調整を図るつもりが、逆に説教されてしまった、諭されてしまった……という展開になってしまうことも、時にはあるかもしれません。気持ちが落ち着くどころか、逆に落ち込んでしまうということもあるかもしれません。

話す相手を見定める、ということではありませんが、後ろ向きの話を相手がどのような姿で聞いてくれるか、受け止めてくれるか、という相手側の感性、そのときの状態など。話の内容、話題によっては、そうしたところにも少し思いを馳せる必要があるのではないかと感じています。

ただ黙って話を聞いてほしい……は、ある面ではこちらの勝手なお願いです。その話を聞いて、相手がどう思うか、何を発言するかは、すべて相手のものであって、こちらがこうしてほしい……と相手の言動、態度を決めることはできません。

ですから、もし誰かに愚痴を言ったり、弱音を吐いたりしたときに、自分の願っていた形、期待していた形での言葉が返ってこなかったことがあったとしても、相手を恨んだり、悪く思ったりするのは違います。

その人はその人なりに、あなたに向き合ってくれた、ということです。愚痴を言う側、話をしたい側は、「相手は自分のためにこの時間を共有している」ということを忘れてはいけません。


これは、自分が聞く立場になることを想像してみたら、よくわかることではないでしょうか。誰かの不平や不満を聞くということ。親身になって聞けることもあれば、聞きたくないいな、もうこの話は終わりにしてほしいなと、そのように感じることもあるのではないでしょうか。話すことで、聞いてもらえることで、心が落ち着き、前向きになれるからといって、延々とそれらをひたすら話してもいいかといえば、それもまた違うのだということ。

この人なら話せる、聞いてくれる、自分の気持ちを受けとめてくれる、そうした願いや信頼をもちつつも、同時に相手側の立場になって自分自身を省みる、という姿勢を心の片隅にもっておくこと。「聞いてもらう」ということに対して、自分の心を整えるのと同時に、相手に対しても心を配る必要があるということだと感じます。

冒頭にも書きましたが、女性は話をする、聞いてもらう、それだけで気持ちを前向きに切り替えることができます。ですから、そうした場、そして人を大切にすることは、自分自身を大切にすること、また自分の幸せを構築することに繋がっていきます。

愚痴を言う、弱音を吐く、不平や不満を漏らす……という、そうした場を設けることに対して、話す側、聞く側、自分と相手とのバランスにも少し心を配りながら、自分自身の気持ちを整えていくことが大切なことではないかと感じています。

こうしたことも、結局はバランスなのだと思います。「今日はちょっと愚痴になってしまうかもしれないけれど、聞いてもらってもいい？」というような、事前の一言があるかないかでも、話す側、聞く側の在り方は違ってくると思います。またどこで話を区切るか、終わりにするか、という「話のやめ時」「切り替え時」も大切です。

愚痴や不平や不満、弱音を吐ける場は必要ではありますが、愚痴を言うこと、不満を漏らすこと、そのものが自分の幸せではないことに気づくことも大事なことの一つです。会うたびにいつも不平や不満、文句ばかりを言っていたり、何かしらに怒っていたりするのは違います。

話す場、聞いてもらう場を大切にしながらも、不平や不満のほうにばかり気持ちを向けないという、自分自身の調整、律する姿勢を同時に忘れないということ。

その上で、あなたの話を聞いてくれる、受け止めてくれる人がいてくれるこども、幸せなことの一つであるということに感謝の気持ちを抱きながら、自分の気持ち、心の中を調整、整理をすること。

話す、聞くというのは、毎日の中の何気ない一場面かもしれませんが、そうした一場面を大切に扱っていくことが、自分の幸せや喜びに繋がっていくのではないかと感じています。またそうして、心の整え方ができるようになったら、今度は逆に、自分が誰かの、「聞き手」になること、「幸せのバランスを整える人」という立場になることも、ぜひ自分に許してください。あなたと、あなたに話を聞いてほしいと願う人との間に、喜びや幸せの循環が生まれるのなら、これもまた、お互いにとっての素晴らしい時間の一つになっていくでしょう。

2 本当は悲しかった、とつぶやいてみる

心理学では、怒りは第二感情だと言われます。怒りの下には第一感情として、悲しみやさみしさ、不安があると言われています。

自分の中に怒りがこみ上げるとき、そこに悲しみやさみしさがあるとは、なかなか気づきません。怒りという感情に飲み込まれて、ある面では興奮をしているからです。

周囲の人や状況、環境に対して、もしくは過去の出来事に対して、どうしても許せない、腹が立つ、というような怒りの感情を抱く場合は、それを悲しみやさみしさという気持ち、感情に変換してみることが大切です。そうすることで、自分の素直な気持ちに気づくことができるようになります。

怒りの下にある悲しみに気がつくまで、心と対話して掘り下げる作業を大切

にできるようになると、それは浄化や癒やしに繋がっていきます。そしてそれは、自分を愛する作業にも繋がっていくものです。自分の中に湧き上がる怒りという感情に向き合うことは、自分の中に癒やされていない悲しみや痛みに向き合うことに他なりません。

表面上どれだけ自分のことを褒めても、愛しても、心の中にある悲しみや痛みを癒やしていかない限り、心の平穏は訪れません。それはたとえると泥水のようなもので、ふだんは上澄みの透き通った部分で穏やかに過ごしていたとしても、何かをきっかけに、沈殿している泥が心の中でかき回されることがあるからです。

その沈殿している泥を、ここでは悲しみや痛み、さみしさとしましょう。湧き上がる怒りは、この泥をかき回すきっかけの一つだと考えるとわかりやすいと思います。

目の前の出来事に腹が立っているとき、心の中は、過去の出来事、痛みや悲しみが一緒になって混ざり合い、かき回されているような状態でもあるのです。

目の前の出来事は、心の中に沈殿していた泥をかき回す、かき混ぜ棒のような役割なのかもしれません。

どんなに激しくかき混ぜられたとしても、純粋な、透明な水であれば濁ることはないでしょう。心の中に癒やされていない過去の痛みや悲しみがあるからこそ、目の前の出来事と過去の痛みや悲しみが結びつき、沈殿していた泥がかき混ぜられ、濁った水になるとも言えます。

自分の中にある怒り、許せない思い、そうした思いの下に、どのような悲しみや痛み、さみしさがあるのか。それらをしっかりと感じることが自分を大切にすることにも繋がっていきます。腹がたつことや怒りが湧いてくることがあったら、「自分は何がこんなに悲しいのだろうか」と質問をしてみるのもよいでしょう。

そして、自分の中にある悲しみに気がついたら、「自分は○○されたことが、悲しかった」と、あらためて認識していくことが癒しや浄化に繋がっていきます。声に出してつぶやいてみるのもよいことでしょう。これは心の中にある思いを言葉にして、自分の外側に出してみる作業です。

「怒りが湧いてきたけれども、本当は悲しかった」と声に出して言うことで、第二感情の下にあった、第一感情をしっかりと認識したことにも繋がります。

自分と向き合う、自分の気持ちを感じるというのは、難しいことではなく、こうした「小さな心の声に耳を澄ます」ことの繰り返しです。心の中にある声なき声を、言葉にして外に出すことで、その思いを一つ「形」にして放出した、ということになります。

心の中にある、沈殿している泥を外にすくい出す作業の一つとして、「本当は悲しかった」「こうしたことが悲しかった」と声に出したり、紙に書いたりしていくことを、大切にしてみてはいかがでしょうか。

外側に出せるようになることは、「形にできた」ということなのです。形にできるまで、自分の心に向き合った、ということです。

誰に言うわけでもなく、自分一人でつぶやくことでいいのです。それはとても小さなことのように思えるかもしれませんが、物事の始まりはみな「小さなこと」からです。

小さなことが積み重なって、やがて大きなことへと変化していきます。心の中にある「小さな悲しみ」も積み重ねることで、沈殿するくらいの泥になったと考えれば、今度はそれを外側にすくい出すこと、浄化していくこともまた、「小さなひとすくい」からやっていけばよいのではないでしょうか。


心を癒すことに関しても、簡単で、単純で、小さなことを大切に。一人でそっとつぶやくこと。声に出して言ってみること。その場で、一人で、すぐにできることをまず一つ、自分の外側へ放つことで、形に示していきましょう。

「本当は悲しかった」とつぶやいたとき、あなたの心はどのような気持ち、感覚になるでしょうか。これもまた、自分を愛する一つの作業として、大切にしてみてください。

3 心が定まるまで、悩み迷うこと

不安や迷いを誰かに聞いてもらうこと、相談することとは、自分の心を素直で柔らかな状態にしていくために大切なことの一つであると感じています。

それは自分の心の中にある思いを、声にして、音と、言葉に変換し、自分の外側に出していくことで、あらためて、そこにある自分の思いや願いに気づく作業でもあるからです。

何かに迷うということは、そこに確信や信頼が持てないということです。何か気がかりなことがあったり、考えがまとまらなかったり、よくわからなくなっている状態を、悩んだり迷ったりというのですから、まずはその混乱している心の中を、一つひとつ整理することが大切です。

心が定まっているときは、相談というよりも宣言に近いものになっていきます。反対する意見や考えがあっても、「私はこう考えている」「このように行動していく」という信念、ぶれない軸が心の中にあるはずです。

悩みや不安と向き合い、一つひとつ解決したり、解消したりすると、心の中がだんだんと定まった状態に整っていきます。ですから、心が落ち着き、その選択や行動に信頼が生まれるまで、しっかりと悩み、迷い、自分の本当の願いや思いを繰り返し整理したり、確認したりすることが大切ではないでしょうか。

逆を言えば、その作業を適当にしたり、省いてしまったりすると、一見解決できたことのようでも、またすぐに不安や悩みを抱く状態に、揺れ戻ってしまうということです。

自分の心と向き合うこと、悩みや不安と向き合うことは、ときにしんどさもあるかもしれませんが、その作業、過程こそが、「自分を大切にする」ことに繋がっていきます。

また、心の中を整理し、確認する作業にはいろいろな方法があると思います。

自分にはどのような方法が合っているか、心地よく向き合えるか、それを知ることも大切です。

「自分の心と向き合う」ことが、しんどいことや辛いことになってしまうと、向き合うよりも、無視をしていく、見て見ぬふりをしていくほうへと流してしまうようになります。もしくは、自分で自分を鼓舞したり、頑張ったり、気合いを入れたりしないと、向き合えなくなってしまうこともあります。

心と向き合おうとするたびに、自分を奮い立たせる、頑張る、気合いを入れるというのは、それを思っただけで疲れてしまったり、気が引けてきてしまったりすることもあります。疲弊してしまうのなら今のまま、不安や悩みを持ったままの自分でいいやと、現状にとどまろうとする力も働いていくようになります。


ですから、どのような方法が、自分としても気楽に自分の心と向き合えるのか、その方法を知ることは、自分を整えていく際に大切になります。

そして、おおよその方々が気楽に、心地よく取り組める方法の一つとして、

「自分の気持ちを誰かに聞いてもらうこと」があるのではないでしょうか。

先ほども書いたように、迷ったり、不安に思ったりする状態というのは、心が定まっていない状態です。自分の思いを言葉にし、その思いを自分の外側に出していきながら、自分の中にあるものを確認していくのです。

また同時に、誰かの意見や考えを聞くことで、そこに共感や違和感などを抱いていくこともできます。そうしたことを繰り返す中で、自分の本当の願い、思いが少しずつ姿形となって見えてくることがあります。


ここで一つ大切にしたいことは、共感だけではなく、「違和感を味わうこと」です。何に心が引っかかっているのか、どのようなことにズレを感じているのか、そうしたことを一つひとつ見ていくことで、自分の願い、思いが見えてきます。

自分と異なる意見や考えを聞くと、自分を否定されたように感じることもあるかもしれません。けれどもここではあくまでも、異なる意見や考えを聞くことで、自分が何を大事にしているのか、大切にしていきたいのか、その願いをはっきりと自覚することを大事にすることです。
また同時に自分の正しさを証明しようとしたり、相手の考えを正そうとしたり、そこに気持ちを向けないことも大切です。

相談する相手によっては、自分の思いを否定されたり、受け入れてもらえなかったりすることがあり、そこで新たな傷を作ってしまうこともあります。小さな傷を負い、痛みを感じると、自分の思いを伝えること、話を聞いてもらうことが怖くなります。本来の目的であった「心を整えていく」というところから離れていってしまうこともあります。また、自分の本当の気持ち、願いに対しても信頼することができずに、疑うようになってしまうことなどもあるかもしれません。

自分の考えや思いは間違っているのではないか、という疑問が生まれること。
また、正直な思いを伝えることは、誰かに否定をされることである、という形で経験を積んでしまったり、学んでしまったりすると、整理をするはずの心の中が、疑問と不安、そして悲しみとで支配されてしまいます。

また自己表現することは痛みや悲しみを伴う、という図式が自分の中で形成されてしまうと、それは自信をなくすことにも繋がります。また否定されるのではないか。自分の思いを受け入れてくれる人はいないのではないか。自分の存在自体を拒否されるのではないか。そうした怖さや痛み、悲しみに結びついてしまうのです。

そうした部分に関しては、冷静に対処する心の在り方、自分に合う技術を手にする必要があるかもしれません。自分を否定した相手側に課題があることもあります。もしくはそのときの環境や状況にも、なんらかの影響があったかもしれません。

自分の気持ちや思いを表現する際に、そうした恐れや悲しみ、心の抵抗を感じる場合は、誰に相談をするか、本音を打ち明けるか、その選択をどうしていくかということに気を配る必要があります。

場合によっては、無条件に話を聞いてくれる、あなたを丸ごと受け入れてくれる、カウンセラーやセラピストといった人たちの力を借りることも、選択の

一つとしてあるのではないでしょうか。

またもう一つの捉え方として、厳しい意見、考えは、あなたには気づかない視野や視点を授けてくれたものであるかもしれないと、そのように受け入れてみることです。

もちろん、人格を否定されるくらいの悲しみを負うことはありませんが、そうした厳しい言葉は、自分を成長させる一つのきっかけになることもあるからです。あのときのあの厳しい一言があったからこそ、今こうして成長することができた、という経験をしたことがある人も、たくさんいるのではないでしょうか。

厳しい一言をもらわないと成長できない、ということではありませんが、本気であなたに向き合ってくれる人だからこそ、あえて厳しい一言、言いづらい一言を伝えてくれる、という人もいます。傷ついた、悲しかった、ひどいことを言われた、と捉えているだけでは見ることのできない、気づくことのない、もう一つ高い視点からの愛もあります。

不安や迷い、悩み、心の中が揺れ動き、身動きがとれないと思うときこそ、いろいろな立場、環境にいる人の意見や考え、思いを聞きながら、自分の中にある思い、願いに気づき、整えていくことです。

相手からあなたへ伝える言葉には、嬉しいもの、悲しいもの、思ってもいなかったようなものなど、いろいろな言葉が届くかもしれません。その言葉たちはどれも自分の中にある願いを整えていくための、一つひとつの大切な過程であると捉えることです。

そうしたやりとりを通して、自分の中にある声なき声、姿形となって表れる前の、不確かな状態である思いや感情に、自分自身で気がついていくということが大切です。

また、自分の話を聞いてもらえない、受け入れてもらえないと感じることは、悲しいことではありますが、場合によっては、自分自身の捉え方、視野の狭さ、考え方が未熟である場合もあるものです。自分がより成長するという視点で捉えたときに、時と場合によってはそうした厳しい言葉というものが必要になることもあるかもしれません。

そのときは辛い状況であるかもしれませんが、そうした中であっても自分の中にそれらを前向きに受け入れていく器を広げていくこと、受け取る感性を磨いていくことです。自分の中にある願いに気がつくのと同時に、自分にはない考え方、捉え方、そこにある世界を受け入れる、素直な感性を持つことも、自分の心を豊かに広げていく、大事な一つです。


不安や悩みが心の中を支配している状態というのは、苦しくしんどいものですが、その状態を心地よい状態に変容させることができるのは、自分自身でしかありません。

まっすぐに前を見据えて、堂々と心を開いていること。そのような状態になっていくまで、自分の心と行動が落ち着いていくまで、心の中にある声や願いに対し、繰り返し向き合っていくことです。

それは心の中にある声なき声を無視しないということです。その声はあなたが耳を傾けない限り、一生、永遠に、誰もその声に気づくことはありません。あなたの願いや思いを誰かが勝手に思いやってくれるだろうと、そんな都合のよいことはないのです。あなたの心の声は、あなたがまず聞かなければ、他の誰かに伝わることはないということです。

心の中にはいろいろな思いがありますから、その一つひとつと向き合っていくことは、終わりなき道を示されているようで、ある面ではとても大変なことかもしれません。向き合うこと自体、辛いことのように感じる人もいるかもしれません。

見て見ぬふりをして、やり過ごすことももちろんできます。けれども、そうしてやり過ごしてきた思いがいつの間にか……きれいにさっぱりとなくなるでしょうか。そうではないことは、みな心のどこかでわかっていることでしょう。

何かの出来事をきっかけに、そのたびに、見過ごしてきた声なき声に、自分自身が気づき、心が揺れ動きます。揺れて戻り、浮上してくるその思い、声を癒やしていくことで、だんだんと自分の中が整っていきます。

心の中が素直に、明るく開いていく時期は必ずやってきます。

まっすぐ前を向いて堂々と……自分の心がそのように形作られていくまで……。いろいろな方に自分の願いを聞いてもらったり、またはいろいろな方の話を聞いたりしながら、心を整えていく作業を繰り返していきましょう。

あなたの声に気づける人は、あなたしかいないということ。それは一人ひとり、それぞれ自分に与えられた、自分を大切にする素晴らしい作業でもあるのです。

4 ちょっとかわいそうな自分、不幸な自分でいることで満たされるもの

ちょっと不幸でいる。ちょっとかわいそうな自分でいる。そうした自分でいることで、誰かからの注目をあびたり、誰かからの愛や優しさを受け取ったりする人がいます。「自分を見てほしい」「自分を認めてほしい」という願いを、そのような形で表現したり、発信したりしているのです。

少しかわいそうな自分でいることで、自分の中に満たされる何かがあるのだとしたら、それはどのようなことだと思いますか。

ダメな自分になることで、誰かの愛を受け取ることができます。そうして自分の存在を確認することもできます。けれども、その方法で受け取った愛や優しさというのは、本当の意味で自分を満たすことができません。

誰かを心配させたり、不安にさせたり、怒らせたり、悲しませたりする後ろ向きの表現や発信から受け取る愛や優しさは、結局、不安や悲しみ、心配や怒りという世界に戻ってしまうのです。

少しかわいそうな自分になって、誰かからの気を引く、注意を引くことを繰り返す。たとえばそれが、誰かに嫌な思いをさせることであっても、そこに自分という存在を認めてもらえる道があると理解をすると、その形で自己の承認を求め続けていくことになります。ですがこの形には、お互いの喜びや幸せはありません。

自分の存在を受け入れてもらいたいと、そう思うのであれば、そうした姿での表現では望む関係性を手にすることはできないのだと知ることです。相手を求めながらも、相手の心はどんどんと離れていくことになります。そうした気の引き方、注目の浴び方では、心の奥が満たされることはないのです。

＊外側に何かを求め続ける世界は、終わりのない旅と同じ

もしあなたが、幸せに生きていきたいと願いながらも、どこかで自分を被害者のように感じたり、誰かを悪者にして、かわいそうな自分にしたり、弱い立場にしたりしているのなら、そうすることで自分は誰から、どのような気持ちを向けてもらいたいのだろうかと、自分の心の中を丁寧に感じてみることが大切です。

ちょっとかわいそうな自分、不幸な自分でいることで、自分は何を得ようとしているのか、何を求めているのか。一度、小さな子どもに戻ったような気持ちで、じっくりと心の中にあるものを感じてみるとよいでしょう。

本当は、誰に一番見てほしいのか。誰からの愛を受けたいのか。自分の中にある願いを今一度しっかりと感じてみることです。自分が追い求めている人が誰なのかがわかったとしても、その人から、自分が求めるものすべてを受け取ることができるかといえば、それはまた別の話になります。ですが、自分がどれほどの願いをもって、誰かを求めているのか、何を求めているのか。その願いに気づくだけで癒やされるものがそこにはあるのです。

そしてまた一つ、その願いに対して別の世界の見方をするならば、自分で自分を認め、受け入れていけるようになると、ある面ではすべて癒やされ満たされていきます。誰かを追い求め、誰かに満たされたとしても、その誰かがいつかどこかで、何かの折、あなたの前から去ってしまうことがあったとしたら、そこでまた何か満たされない自分に戻ってしまうのでしょうか。そして、また別の誰かを求めていくのでしょうか。自分の外側に何かを求め続けることは、自分の内側に満ち足りない思いを抱え、その思いを満たすための旅を永遠に続けることになっていきます。

自分の外側に、何かを求め続けること。それはいつまでたっても満たされることのない、終わりのない旅を続けることと同じです。「私を見てほしい」というその願いを、心の奥底から満たしてくれるのは、ほかの誰かではなく、自分自身であるということを、どこかできちんと理解することです。

まずは自分で、自分という存在をしっかりと見てあげることです。自分の中に、「自分を見てほしい」というあふれんばかりの思い、願いがあることに気づき、その願いを受け入れていくことです。

かわいそうな私で誰かの愛を求めても、そこに幸せは生まれません。満たされない世界の中で生き続けるかどうかは、誰かのせいではなく、自分の選択の結果です。ちょっと不幸でいることで何か得をしていることがわかったら、本当にそれが自分にとっての幸せの形であるのか、今一度、しっかりと向き合ってみることではないでしょうか。

それがあなたにとって、人生最大の願いであるのかどうか。自分自身に問い、向き合うことで、新たな気づきが生まれ、新たな扉が開かれていきます。

私自身が誰よりも、私をかわいがる、私を愛する、私を大切に扱う、私を見つめて、受け入れると決めることです。声に出して、宣言をしてみるのもいいかもしれません。心にすっと、その言葉が響いたのなら、その世界で生きることを自分が許した瞬間なのではないでしょうか。

かわいそうな自分から発信する世界は、一見そこに満たされるものがあったとしても、結局はかわいそうな自分に戻るのです。自分の願いをそのような形で本当に発揮したいのかどうか、決めるのは自分自身です。

5 失敗することに恐れを感じるときは

子どもであろうが、大人であろうが、誰でもみな、経験が少ないこと、足りないことには失敗や痛みを感じやすいものです。年齢を重ねていくと、「知らない」ということにさえ、恥ずかしさや抵抗を感じることがあるかもしれません。しかし、そこは素直に、単純に、単に経験が足りなかっただけのことだと捉えてみることで、前向きに何かに挑戦する気持ちになれることがあります。冷静に今までの自分を振り返ってみると、未経験のこと、まだまだ知らないこともたくさんあり、自分の枠というものは案外小さいものなのだと気づくかもしれません。

世の中は知らないことばかりであること。そして自分一人が経験できることというのは、思っている以上にたかがしれているものである、ということ。少し謙虚になって、身の回りのことを眺めてみたら、自分を卑下することや否定することよりも、まだまだ自分は未熟でちっぽけな存在であることに気づくでしょう。

そしてだからこそ、誰かと比べて、自分のことを否定したり情けなく感じたりするときなどは、自分は知らないことだらけであるということ、そこに立ち戻ってみることです。何を知った気になっていたのか、できる気になっていたのか、自分のエゴに対してクスッと笑えるもう一人の自分に出会えたら、またそこから一つ前に進んでいけるでしょう。

そしてだからこそ、知らないことは教えてもらえばいいという単純さに、気づくことができるのではないでしょうか。それを少し先に学んだ人に、少し先に理解した人に、それを先に楽しんでいる人に、教えてもらい、学べばいいのだという単純明快な答えがそこにあります。

未知なる世界はまだまだ、自分にはたくさんあること。そして、自分がそれを知ろう、経験してみようと、そうした気持ちで目を向ければ、一つ行動をす

れば、その扉は気楽に開かれていくということ。

できる誰かと無意識に比べて、自分のことを否定したり、卑下したりしたくなるときは誰でもあります。出口の見えないトンネルの中に入り込んでしまって、苦しいときもあるでしょう。ですが、そういうときだからこそ、少し冷静に、丁寧に、自分の姿を見通してみることが大切なのではないでしょうか。

自分は本当にダメな人なのか。単純に経験が足りないだけなのではないか。まだ理解し切れていないだけなのではないか。ただ単に素直に知らないだけなのではないか。いろいろな角度から自分を見る目を養っていく、その視点と感性を持つことが何よりも大切なことではないかと感じています。

心が行き詰まっているとき、失敗をしてしまったとき、気持ちが落ち込んでいるときは、単純に、簡単に、その方向へと心を働かせていくことを心がけてみてください。

自分を必要以上に小さくすることも、他人を必要以上に大きく見ることも必要ないのかもしれません。

失敗することに怖さを感じるとき。一歩踏み出す勇気がもてないときは、ただ単に知らないだけのこと、経験が足りないだけのことだと感じてみましょう。だからこそこれから学べばいい、経験を積めばいいと、単純明快なその答えにそって、失敗からまた一つ、一歩進めばいいだけです。

6 できないとき、失敗して気持ちが沈むとき、それは情熱の証

教えてもらったことがなかなかできない。身につけられない。覚えられないというようなとき、自分はダメな人だと感じることが、いろいろな場面であることでしょう。

他の人がすぐにできることを自分ができないとふがいなさを感じたり、気落ちしたり。同じような失敗を何度も繰り返してしまうようなときは、気持ちも焦りますし、自分のできなさ具合に嫌気がさすこともあるでしょう。自分はなんてダメなのだ、能力がないのだ、と落ち込むこともあると思いますが、こうしたときこそ自分の心を鍛え、成長できる絶好の機会と捉えましょう。

落ち込んだり、ダメだと思ったりする気持ちになるということは裏を返せば、

それをできるようになりたい、身につけたい、力にしたい、という前向きな気持ちがそこにあるということです。できないことに対して気持ちが落ち込むのは、それだけできるようになりたいという情熱の裏返しであるということに、気がつくことが大切です。もしそれが自分にとってどうでもいいことであるのならば、そこまで落ち込む必要はありませんし、気に留めることでもありません。

落ち込む、嫌な気持ちになるということは、そこに「自分の願い」があるからこその心の働きであるということを感じてみてください。そこに、自分に対しての期待、誇り、プライド、自尊心があるからとも言えるでしょう。できない自分を認めることは、時に辛いことかもしれませんが、それだけ、できる自分になりたいという思い、情熱がそこにあるからこその裏返しであるということです。

どれだけ自分ができるようになりたいのか。身につけたいと願っているのか。ダメな自分になりたくないのか。落ち込むという気持ちの反対側に、自分が自分に対してどれだけの願い、希望を抱いているのか、その部分を丁寧に感じていきましょう。そこにある情熱、自分が自分にかける期待や希望をどれだけ感じられるかによって、学ぶ姿勢へと反映されていきます。

これをここでは、「情熱の証」と呼ぶことにします。落ち込む気持ちの裏には、それだけ前向きな情熱があるということを感じられるようになると、逆に、自分の中にそこまでの思いがあったことに、驚く人もいるかもしれません。

ここで「でもどうせできないし」「私はそこまでやれる人ではないし」といったような、後ろ向きのささやきが生まれる場合があります。今までなんとなくやり過ごしてきてしまった人、できないまま、失敗したまま終えてきてしまったという人は、このような状況になったときに、「情熱の証」を後ろ向きに発揮してきたのかもしれません。人は何か未知の世界、場所へと進むときには、頑張ろう、やってみようという前向きな気持ちと同時に、できなかったらどうしよう、失敗したら恥ずかしいなという自分の誇り、自尊心を守るための後ろ向きの気持ちが同時に働いています。

未経験なこと、知らないことというのは、それだけですでに怖いことです。ですからこうした心の声が生まれた時には、後ろ向きな気持ち、態度や言動が生まれることはある意味自然なことです。

その声を素直に受け入れながら、もう一人の自分が冷静に、自分の中にある情熱を感じること。そして自分は知らないこと、未知のことを怖がっているのだなと客観的に感じることが大切です。それらはできるようになりたい、前に進みたい、身につけたいという熱意、情熱があるからこその怖さ、後ろ向きのささやきでもあることを感じていくことです。

特に、もともとの性格や資質が、おとなしい感じであったり、控えめな感じであったりする人は、自分の中にそこまでの情熱ややる気があるのだということに、気がつかない場合があります。

見るからに負けず嫌いで、やる気に満ちていて……という気質の人は、自分の熱量、情熱を感じやすいと思いますが、逆に控えめな気質の人は、自分にはそのような情熱はない、やる気に満ちていないと自分自身で決めつけてしまっていることがあります。

私はそのような性格ではないし……と思っている人にも必ず、情熱というものは存在しています。その表現の仕方、発揮の仕方が、性格的におとなしい、控えめであるというだけのことであって、情熱がないということではないのです。

また、熱量のある人と比べて、自分はあそこまでできないし、やれないしと、自ら先に判断してしまうこともあります。

もし、自分の中にできるようになりたい、できない自分は嫌だな、という気持ちが少しでもあるのなら、それはそこに「情熱があるのだ」ということを感じることです。気持ちが落ち込んだ時に訪れる、後ろ向きの感情、ささやきも、実はその情熱の一つ、裏返しであると感じていくことです。

そのように自分の気持ち、感情を捉えていけるようになると、自分の中に湧き上がる情熱がそこにちゃんとあることに気づけるようになっていきます。気落ちすることや失敗が怖いことは、実は自分の中にある「情熱の証」の一つです。まさか自分にこんなにやる気があったなんて……と、驚く人もいるかもしれません。人はみな心のどこかでは、できる自分、やれる自分でいたいとそのように思っているものがあります。

「こうなりたい」という自分の願い、思いがあるからこそ、落ち込んだり、嫌な気持ちになったりするのだということ。めいっぱい落ち込んだ後は、自分の情熱を思い出して、なりたい自分に向かってまた進んでいきましょう。

7 誇りや情熱を発揮する方向を見誤らない

「情熱の証」を感じてみるとお伝えしましたが、情熱や誇りは、時に本来とは違った形で発揮されてしまうことがあります。

これを乗り越えたらできる自分になるのだ、という前向きな未来へその誇りを向けられず、できない自分のほうばかりに、気持ちを向けてしまうことがあります。

今はできないだけで、いつか必ずできるようになるのだ、という未来を信頼することはなかなか難しいことでもあります。それよりも、本当にできなかったら……と、できない未来のほうがより信頼できるし、より現実のものとして採用しやすかったりします。そのほうが容易に想像しやすいのです。

今、自分ができないのは、単に経験が足りていないだけだと感じてみることはできそうでしょうか。また、いきなり完璧を目指し過ぎていないか、自分の誇り、プライドがどれだけ高いものがあるか、感じてみることはできそうでしょうか。

気持ちが落ち込んだり、前に進めなくなったりした時こそ、時間と量をかければ、自分も少しずつできるようになれることがあるのではないか、今よりも少し成長できればいいのではないか、とそのように捉えてみることです。周囲の人が上手にできているのは、自分よりも少し先にそれを経験しているからである、とみてみること。気持ちが落ち込んでしまう自分を受け入れながらも、その気持ちとはまた別に、自分の姿を丁寧に見通す感性も磨いていきましょう。

このように、気持ち、感情とは別に、もう一人の自分が自分の姿を客観的に捉えることができるようになると、必要以上に落ち込むことがなくなっていきます。「いつか必ずそれは身につけられるものなのだ」という自分に対しての信頼を少しずつ深めていくことができるようになります。

自分の中にある誇り、自尊心を、少しずつ前向きに発揮させていくことはとても大切なことです。本来は明るい未来へと自分の誇りを向けていきたいものの、人は「できない自分を守る」という方向へその誇り、プライドを発揮してしまう場合があります。今の姿が、そのまま未来の姿になってしまって、今よりも自分が成長をしているという姿に、なかなか思いが及ばなくなってしまいます。

このままできなかったらどうしよう……という不安に負けてしまう人もこの中に入るかもしれません。少しでも、ほんの少しでも、人は必ず成長できるのだというところに、心を向けていくこと。状況や環境は時間をかけ、経験していくことで変化をしていくということに思いを向けることです。

失敗するということに対して、ほんの少しの勇気を持てるかどうか。できるようになる人と、できないままの人の差というのは、この小さな分岐点、ただそれだけのことかもしれません。失敗や未熟ということに対して、必要以上に恐れてしまって、その姿を見せることに怖さや抵抗を感じてしまう人もいます。

自分の中に、自分で思う以上にできる自分でありたいという願い、希望や期待があることをまず感じてみることです。

そして、この怖さはできるようになりたいという「情熱の証」の裏返しであるのだということを知ることです。なぜそんなに失敗を恐れるのか。「できない」ということが怖いのか。丁寧に感じてみることで、自分の誇り、自尊心をどれだけ自分が守ろうとしているか、感じることができるでしょう。本当にできないと思うもの、これは自分にとっては絶対に無理だと思うものには、はじめから気持ちよいくらいのあきらめがあります。そもそもそこに反応するものがありません。できなくて嫌だ等と思うことすらないものです。

また、何かできないものがある人、何かにコンプレックスを感じている人は、できない自分を見せないようにすることに、自分の情熱を使ってしまうことがあります。できない理由を、別の姿形（それは時に、誰かや何かを言い訳にして）を用いて、自分の存在価値、誇りや自尊心を保とうとする場面がでてくるのです。

できない自分を認めてしまうと、自分の存在価値がなくなってしまうようで怖いのです。これは自己肯定感にも繋がっているところですが、できない自分を守るために自分とは関係のないところで、自分が「それらと向き合えないのだ」という理由が必要になってくるのです。

たとえば、急な用事が入ってしまったので……といった類の理由などがそれにあたる場合がありますが、一見、自分はやろうと思っているけれども、自分の力だけでは及ばないところから、それをやることができなくなってしまった、と映るような出来事です。自分がやらない、できないのではなく、自分の周囲の環境や状況から、どうしてもそれができないのだとそこで主張することで、できない自分を守ることができます。それは自分の誇りを保つために、自分の外側にできない理由が必要だからです。

何か他に理由や原因があるという形で自分のプライド、誇りを守っているのだとしたら、それは自分の願い、情熱を本来とは違った形で発揮してしまっていることになります。またこうした状況に自分を置いてしまう人は、「できないこと」と「自分」とが一緒になってしまって混同していないか、落ち着いて感じてみましょう。「今はまだこれができない、苦手である」というだけのことが、「できない人、苦手な人」というように、人格や性格と同等のものとして扱っていることがあるかもしれません。

できる、できない、という結果によって、自尊心が保たれるのではなく、その過程、経過にどのように向き合うのか。情熱の証を使うのはその部分になります。そしてそこに、その人それぞれの誇りや勇気があるのです。「できない自分」「ダメな自分」ではなく、できないものがあっても、だからといって自分そのものが何もできない人ではないのだ、という認識を持つこと。それはそれ、これはこれ、というように出来事と自分の人格との区別ができるか、ということです。

できないことや失敗することを恐れ、逃げてしまう人は、それらを混同していることがあります。そして、自分の誇りを守るために向き合えない理由が必要になりますから、周囲の状況や環境が困った形になってくれないと、自分も困ってしまうのです。そのため、いつも自分の周囲が少し不幸であったり、大変であったりします。

自分の情熱、誇りや自尊心を前向きに扱い発揮する自分になると、まずは決めることです。誰かのせいにせず、周囲の状況や環境を必要以上に、自分から大変なもの、困ったものにしないことです。そのように向き合える姿勢をもつことが自分らしい幸せ、そして生き方に繋がっていく一つのプロセスでもあるのではないでしょうか。

8 その悩みは誰かの願い

何かに悩みがあるとき、どうしたらその悩みが解決されるか、考えたり行動したりすることがあると思います。心の中がすっきりと、何の悩みもない状態がいいことのように思えるかもしれませんが、実際にはいつも何かしらの心配や不安があることのほうが、自然な状態といえるかもしれません。

何かの悩みが解決されたとしても、また別の不安や心配、悩みが心の中に浮かびあがってくることがあります。事の大小はあるにせよ、いつも何かしらのことには心を配っているのだとしたら、不安や悩み、心配は、きれいさっぱりとなくなるというものではなく、いつも心の中にあるものとして、そのつきあい方、向き合い方の術を自分なりに身につけることではないでしょうか。

それら悩みとどう向き合うか、どうつきあうかと考えるとき、まずは悩みを分類してみることではないかと思います。その悩みは何か考えたり行動をしたりすることによって、確実に解決できるものであるのか。それとも自分一人の力では解決できないものであるのか。悩みを分けてみることです。悩みの種類によって、自分の中での捉え方、向き合い方は全く違ったものになっていくはずです。

行動することで解決できるものであるのならば、後は行動するのみ、ということになります。ですが、行動したとしても確実に解決できるかどうかわからないもの。未知なるもの。未経験のもの。または漠然としたものの悩みならば、その悩みそのものを悩みにしない、という方向へ解消していくことではないでしょうか。

たとえばあなたが抱えているその悩みは、誰にとっても同じように悩むものでしょうか。自分にとっては大きな悩みだけれども、誰かにとっては取るに足らないものである、ということも場合によってはあるでしょう。

たとえば女性は痩せたいと願う人が多いと思いますが、その逆、太りたいと願っている人も実際にはいます。願うもの、求める姿が人によっては真逆の場合があるということ。自分にとってのその悩みが誰かにとっては願いである、ということもあるものです。

自分の悩み、願いが誰かにとっては手に入れたい願い事でもあるとするならば、その悩みを持てること自体が、誰かにとってはうらやましいことであるかもしれません。

辛く悲しい思い、不安や迷いの中にいるときには、その悩みがうらやましいことだとは到底思えませんし、場合によっては嫌みのようにしか聞こえないかもしれません。けれどもその悩みを、そもそも持つことができないという人も、この世の中のどこかにいるのだとしたら、やはりそれはある面では、誰かにとっては幸せの姿の一部であるのかもしれません。

たとえば夫婦関係の悩みがあるとして……。それは結婚をしているからこそ、生まれている悩みであって、結婚を望んでいる人からしたら、その悩みが持てること自体が、願う姿であるのかもしれません。職場での悩みも、仕事を探している人にしてみれば、その世界を手にしているからこその悩みとなります。その世界の入り口に立ちたいと願う人からすれば、手にすることのできない、願う姿であるかもしれないということです。

自分が抱えているこの悩みや迷いは、誰かにとっては手にしたい願いごとであるのだという視点を感じてみること。別の立場、別の視点から、自分が置かれている状況、環境に対して、落ち着いて見通してみることで、その悩みとのつきあい方、向き合い方も少しずつ変容させることができます。

今の自分の姿を、別の誰かが見たらどのように映るのか。辛く悲しい状況、どうすることもできない不安、その渦中にいる自分が、誰かの視点に立つということはなかなか難しいことかもしれません。けれどもその姿すら、誰かにとっては、永遠に手にすることのできない、願う姿の上での贅沢な悩みなのかもしれない、ということがあります。

これは、このように悩めるだけ幸せということなのですよ、ということではありません。悩みや不安は、人との比較、優劣ということではありません。また逆に、夫婦関係がそんなに辛いのなら、結婚しないほうがいいのね、というように、反面教師のように捉えましょう、ということでもありません。

矛盾しているようですが、誰かの悩む姿を見て、あの人よりもましだとか、まだこちらのほうがいいのかもしれない、とそのような判断をすることではないのです。

今自分が、この悩みにどっぷりと浸かってしまい、抜け出せない状態になり、毎日辛く悲しい日々が続いているのだとしたら……。気持ちが落ち込んでしまって、何もできないのだとしたら……。その辛く悲しい気持ちをしっかりと味わいながらも、そうした辛い姿でさえも、誰かにとっては願う姿の一部であるのかもしれないという、少し広い視点、視野、別の立場からの捉え方をしてみることで、その悩みの出口が少し明るい方向へと向かうこともあるかもしれない、ということです。

あなたが今抱えているその悩みが、どこかの誰かの願いなのかもしれないと、そう受け入れてみることで、その悩みの捉え方を変えていくことができるのかもしれません。悩みごとが願いごとであるなんて、なかなかそう簡単には感じられないかもしれませんが、その視点を持つことで、物事を少し、多面的に、多角的に見られるようになりますし、心の在り方も変えることができるようになっていくのではないでしょうか。

何か具体的な解決方法、手立てをとることが難しい悩みには、その悩みを別の視点から捉えてみる方法を試してみてください。少し落ち着いて悩みを見つめられるようになるだけでも、その悩みが少し前向きに、解決、解消の方向へと変容できたのかもしれません。

9　人と比べて、妬んだり落ち込んだりする自分から卒業する

誰かと比べて、自分のことが情けなくなったり、卑下したくなったりするような気持ちを味わうことはありますか？　また逆に、嫉妬や妬みなど、誰かに対してそのような気持ちが湧き起こったことはないでしょうか？

そうした気持ちは、心地よいものではなく、人としてもあまりよくないことも十分わかっているはずだけれども、何かの折、誰かの姿を見て、ふと心の中に複雑な気持ちが湧き上がる……。そうしてそんな自分に自分で嫌気を感じながらも、どこかでその気持ちを発散したり、解消したりして、気分を良くしている自分もいたりします。

誰かがそうした気持ちを発散している姿を見るのは気持ちの良いものではありません。その姿を見て自分はそうしたことはやめよう、気をつけようと思いながらも、何かの折には、人の噂話などにのってしまう自分もいるかもしれません。

それはよくないことだという思いがありながらも、自分の中に生まれる嫉妬や妬みを自分なりに正当化して、誰かに矛先を向けているということ。その人の言動や態度が気になって、勝手に妬んで、勝手に自己嫌悪に陥る……。私たちの心は本当に自分勝手で気忙しいものです。

毎日を心地よいものにしていくには、そうした自分の中にある汚い感情にも蓋をせず、目を向けていくことが必要ではないかと思います。なぜ素直に認められないのか、よかったね、と言えないのか、足を引っ張りたくなるのか……。人として良い悪いという判断、裁きをすることではなく、自分の中に渦巻くそうした気持ち、感情があることをまず認めていくことです。認めた上で、その感情をどう扱うか。自分はどのような状態になりたいのか。何を求めているのか。嫉妬や妬みを気持ちよく手放した先にある、自分が理想とする世界を想像してみましょう。

なぜ自分の中の嫉妬や妬みといった汚い部分、感情と向き合う必要があるかというと、この感情は、自分の人生をよりよく発展させていこうとする際の、足かせ、抵抗になっていくものでもあるからです。

幸せになりたい、人生をよりよく展開させていきたいと行動を起こしていく際、自分が幸せになると誰かに妬まれるのではないか、誰かに足を引っ張られるのではないか、という恐れが生まれ、気持ちと行動にブレーキがかかることがあります。そのブレーキの正体は、自分の中にある嫉妬や妬みです。

誰かに対して抱いているこの感情は、同じように他の人にもあるものだ、と無意識にそう捉えています。ですから、自分が他人へ向けているこの感情は、自分も他人から同じように向けられるものである、という認識が自分の中にもあるのです。だからこそ、それは幸せになったら妬まれる、足を引っ張られる、という思い込み、怖さに繋がっていくものでもあります。

簡単に言い換えれば、人の幸せを願えない人は、結局は自分の幸せも願えない、ということです。誰かの幸せを自分が嫉妬したり、妬んだりするように、私の幸せもまた誰かから嫉妬されたり、妬まれたりするのではないかと怖いのです。また、人と比べることでしか、自分の価値をはかることができない状態というのは、競争の世界と同じです。極端なことを言えば、1番にならない限り、自分よりもあの人のほうが上だと思っている限り、いつも自分はダメな人で居続けるということです。

何かを得ている人が優れていて、それを持っていない私はダメだ、という世界で自分を見ている限り、誰かと比べて妬んだり落ち込んだりを繰り返していきます。いつまでも心穏やかな幸せな毎日は訪れません。

経済力、社会的地位、見た目、容姿、家族構成……比べだしたらキリのない世界の中で、いつも自分を上だ、下だと誰かと見比べていること。嫉妬や妬みで自分をがんじがらめにしていること。時々、拗ねたり、悲しくなったりして、自分よりも哀れな人を探して、あの人よりはましだと、自分を慰めることで、自分を保っていくこと。

自分の中にある、そうした気持ちが十分すぎるほどわかるからこそ、その思いが自分に向けられる怖さに関しても十分感じられるのです。

だからこそ、幸せになりたい、今の自分よりもよりよく成長をしたい、という願いを持ちながら、同時に、怖さや抵抗を感じて、いつまでもその場所で、少し不幸な自分でいることに、安心と心地よさを見出している状態があります。少し不幸でいれば、他人からの嫉妬や妬みを受けず、安全でいられると思うからです。


幸せになると思うのなら、その世界から抜け出すと決めることです。そして自分の中にあるそうした汚い感情、そしてその下に隠されている、自己否定の感情に気づき、素直に認め、受け入れ、癒やしていく作業を行うことです。人と比べるという、比較、競争の世界に自分自身が入り込んでいることを自覚し、そういった世界とは無縁で過ごしている人たちがいる世界の扉を開く決意と勇気を、自分で持つことです。

それには、人と比べて、優劣をつけること、上下をつけることは何の意味もない、という価値観を自分の中で採用していく練習が必要です。

誰一人として同じ人はいない。みな違いがあっていい、ということ。言葉で言うのは簡単なことです。実際、そのような美しい言葉は世界にあふれています。その言葉を素直に受け取り、その世界で生きるには、自分の中にある嫉妬や妬み、ひがみそねみといった感情に一度しっかりと向き合って、満たされない思いを浄化し癒し、きれいに流していくことが必要です。

自分の中にある、自分の嫌いなところ。見たくないところ、もてあましているところ。自分で自分を好きになれない、認められない、受け入れられないところ。自己否定しているいろいろな部分を、受容して癒していく作業、過程が必要になります。心理学を学んだり、セラピーやカウンセリングを受けたりと、人によっては誰かの支援を受けることもあるかもしれません。

またもう一つ、自分が今すぐできることとしては、「無条件に愛するもの」を自分の日常に生み出すことです。それは花を育てることかもしれないし、ペットを飼うことかもしれません。また親や子ども、夫や妻、友人といった誰かを愛することかもしれないし、絵画や音楽、演劇といった芸術を愛することかもしれません。

自分の中に、なぜだかよくわからないけれども、理由はないけれども、自然とあふれ出す、湧き出す愛を自分自身がしっかりと感じるひとときをもつこと。自分の中にあるネガティブな感情とはまた別に、「愛」をしっかりと感じられる瞬間を持つことです。「愛」がよくわからないというのなら、誰かを応援する、何かを支援する、ということでもいいかもしれません。それすらもよくわからないのであれば、出会う人すべてに愛を向ける、応援をする、というように……少し極端かもしれませんが、「そういうことにする」と強制的に決めてしまってもいいかもしれません。

「私は出会う人すべてを愛する。応援する。ネガティブな気持ちを向けない」その気持ち、立ち位置で世界を見通す、と決めるのです。

自分の中にある嫉妬や妬み、ネガティブな感情があるからこそ感じる怖さ。自分も同じようにその気持ちや感情を向けられるのではないかという恐れ。だからこそ、自分の中の感情、気持ちを愛からの発信に変えることです。自分の中に自然と湧き上がる愛しい気持ち、または誰かを何かを応援したいという熱意。自分や他人を否定している気持ちを、受け入れていく気持ちに変容をさせていくこと。自分が何かに、誰かに向けている愛の気持ち、応援の気持ちを感じること。その気持ちを持つことで、同じように誰かから愛されたり、応援されたりするのだという、自分自身を受け入れる気持ちへと変容していくことに繋がります。

自分の中に自己否定があること。嫉妬や妬みといったネガティブな感情が恐れに結びついていること。自分の幸せを拒む、抵抗するブレーキとなっている心の働きを、まず頭で理解することです。

そして自分の中にある気持ち、感情を愛の世界からの発信に変えていくと決めましょう。その愛を通して見る世界では、自分もまた同じように愛され、応援されていくという信頼を持つこと。誰かの幸せを自分が願うように、自分も幸せに生きていいのだ、という安心と信頼、勇気を自分自身に与えていきましょう。

人と比べて自分の価値を感じることや自分の存在を確かめたくなることは誰でもあることです。比較するからこそ、より自分のことがよくわかるということもあります。その気持ちや感情をなしにする必要はありませんが、自分の中でどう扱っていくか、ネガティブな感情に対しても気持ちよく心地よく、前向きに解消していくことはできるはずです。

自己否定、肯定感の低さを嫉妬や妬みといった感情で誰かに向けるのではなく、自分を愛すること、誰かや何かを愛すること、応援する、支援するという方向へ心を向けて、毎日を心地よく過ごす形に変容させていきましょう。

10 勝手に誰かと比べて「ないもの」にしていませんか？

才能や魅力という言葉を聞いて、必要以上に自分の期待や願いをかけていることがあります。何かすごいこと、秀でることが才能であり、魅力である、という捉え方をしていないか。才能や魅力という言葉に、自分はどのような意味を持たせているか。自分の才能や魅力を発揮して、自分らしく生きたいと思う時にこそ一度、その言葉に対しての期待や願い、思い込みを感じてみましょう。

知らず知らずのうちに……無意識に、いつも誰かや何かと比べたりしていないでしょうか。自分の才能に対して、私ができるようなことは誰でもできる、みんな普通にやっていると、そのような捉え方で位置づけてしまっていると、自分にはこれといった才能も魅力もないという結論から、抜け出すことができなくなってしまいます。

あなたが普通にできると思うものを、普通にできるものではないと思う人もいます。また、その逆も然りです。このように誰かや何かと比べて、自分の中で優劣をつけてしまうと、ほとんどのことが「ない」ことになってしまいます。

誰かと比べて何かができる、できない、という比較の視点で才能をみるのではなく、自分の中にあるものをどれだけ発揮できているか、という視点で自分をみること。そして、自分の中にすでにあるものを磨いていくという在り方で、自分の才能と向き合うことで「自分らしい幸せ」が開かれていくのではないでしょうか。

これは、魅力についても同じことがいえます。魅力、という言葉から、外見の姿形、容姿に意識を向ける人が多くいますが、誰かと比べてかわいいとか、美しいとか、太っているとかやせているとか、見た目について、自分の中で勝手に優劣をつけてしまっていることは誰でもあるでしょう。

誰かと比較してしまうことをいけないことだとは思いませんが、魅力というものは、外見、容姿だけを表しているものではないことは、落ち着いて考えればすぐにわかることでしょう。外見を磨けばあなたの魅力は最大限発揮されますか、と問われたときに、「はい、そうです」と即答できるでしょうか。

外見を磨くことは、もちろん素晴らしいことです。けれども、外見さえよければ魅力的になれる、ということではありません。矛盾しているようですが、そこにはやはり「自分らしくある」という個性があるのです。自分が備え持つものを受け入れ、愛し、丁寧に磨くからこそ、魅力が周囲に解き放たれていくのだと感じています。

誰かの化粧をまねしたり、髪型をまねしたり、流行の服に身を包めば魅力的になれるかといえば、そうではないことは、みなさんよくわかっているでしょう。誰かと比べて、何者かになるのではなく、自分の中にあるものを磨くこと。素直に、単純に、この部分を大事にすることです。

＊自分の中にあるものを大切に、それらを磨く過程を楽しんでいくこと

才能や魅力というものは、ないものを見つけ出すことではなく、あるものを思い出していくことではないかと感じています。自分の中にどのような才能や魅力があるのか。どのようなものが出てくるのか。自分の中に「ある」ものを一つひとつ見出していく、その作業、行程、過程を楽しんでみてください。そしてこれだな、と自分の中で信頼できるものが湧き上がってきたら……。自分なりに答えを見出すことができるようになったら……。それらを丁寧に磨いていくことです。

一つひとつ、磨き上げる作業、過程そのものを楽しんでいきましょう。誰が見ても、きらりと輝く、神々しいほどの光が放たれる日を、それこそ誰よりも楽しみにしながら、そうした自分が表れてくることを信頼しながら、自分の中にすでにあるものを大切にしていくことです。

また逆に、苦手なものや不得手なことにも前向きに取り組んでいくという姿

勢は、そこに美しい物語を感じる人もいます。何かを克服したり、乗り越えたりしていく姿は、人の心に響くものがあるでしょう。

けれども、なんでもかんでもやみくもに頑張ればいいかというと、それもまた違うことではないかと感じています。もともとそこに気持ちが向かないもの、情熱が湧き上がらないもの、なんとも思わないもの、苦手と感じるもの、うまくできないものの中から、なんとかして才能を見つけようとしなくてもいいのではないでしょうか。

好きなことややりたいこと、情熱が湧くもの。何か感じるものがある人は、素直にそのものたちと向き合っていけばいいのだと思います。そうしたものがわからない、感じられない、漠然としていてはっきりしないというときには、まずは心が響かないもの、反応がないものを消去していくことです。

自分の中にあるものが、少しずつすっきりと整理されていくことでみえてくるものがあります。いきなり最高の自分を目指さずに、一つひとつ、自分の中にあるものに向き合っていきましょう。苦しい思いをしたり、しんどい思いをしたりしなければ、才能や魅力は磨かれないものだというような、思い込みや観念といったものにも飲み込まれないように。そうしたこともここでは大事なことになります。

自分では普通にできてしまうこと。簡単にやれてしまうこと。当たり前にできてしまうこと。嫌でも何でもないこと。そういったものの中にも、あなたの才能や魅力は放たれています。それを誰かと比べてしまうことにより「ない」ものになってしまうことがあるのです。「ない」と思った時点でそれは「ゼロ」となり存在しないものになります。自分にも「ある」と思うこと。誰かと比べるのではなく、一つひとつ向き合いながら、自分の中にすでにあるものを思い出しながら、それらを磨きあげる過程そのものを楽しんでいきましょう。みなそれぞれに与えられたもの、才能や魅力があることを信頼し、自分らしく進んでいきましょう。

11 うまくいかないときこそ、「受け取っているもの」を思い出す

頑張っていても結果や成果が出ずにしんどさを感じたり、なにかうまくいかないような停滞感から、気持ちが落ち込んだりすることは誰にでもあることです。自分はこのままでいいのだろうか……と、未来に対して焦りや不安を感じることも時にはあることでしょう。気持ちが沈んでいる時は、なかなか心を前向きに切り替えることができず、焦りや不安ばかりがますます増してしまうこともあるかもしれません。

そうした状態、状況のときに、どのように気持ちを切り替えていけばよいのか。自分なりの方法やルールを持つことで、乗り越えられていくものがあるのかもしれません。どういう方法が自分に合っているのか。いろいろと試してみ

ることは自分を深く知る作業の一つであるし、自分らしく日々過ごすうえでの大事な要素の一つになるでしょう。

その中で、「受け取っているものを思い出す」ことが、気持ちを切り替える一つになるのではないかと感じています。気持ちが沈み、落ち込んでいる時には、自己否定の気持ちが強く働いてしまうものですが、こんな状況、状態である自分であっても、今ここにあるもの、与えられているもの、受け取っているものはあるのだということを、しっかりと思い出していくことです。

どうせ自分は何もできない。どうせ自分には何もない。こんな自分ではダメだ。自分に対して、否定的に捉えてしまう自分とはまた別に、そんな自分でも与えられているものや受け取っているものがあることを落ち着いて感じていくことです。

自分から何か欲しいとお願いをしたわけでもなく、気がつけばそこにいつも当たり前のようにあるというものがあります。自然と与えられ、受け取っているものが自分の周りにあることを感じられるでしょうか。それは物かもしれませんし、人かもしれません。または時間や経験、環境かもしれません。意図せずとも、日々当たり前に自分の元に訪れているものがあります。「受け取る」という意識すらなく、受け取っているものがあります。

なにかうまくいかないと思うときや、心が沈んでしまうときなどは、今あるもの、与えられているもの、受け取っているものに気持ちを向けてみることです。自分にとっては当たり前すぎて、そこに何の思いも気持ちも及ばずにいることが、誰かにとっては当たり前のことではないものです。自分の身の回りの状況、出来事、環境を、自分に訪れているもの、与えられているもの、そしてそれを自分が受け取っているものとして見つめ直していくと、そこにたくさんの豊かさや喜びが与えられていることに気がつくかもしれません。

自分の元にこれだけのものが流れ込んでいるのだ、と気づくことができる、その感性、感覚をもつことが、気持ちを切り替える上での大事な部分になるのです。「ない」という否定の気持ちから、「ある」という肯定の気持ちへ。そしてそれは、どのような場面であっても、人生を自分らしく、前向きに開いていく際の大切な在り方なのではないかとも思っています。

心が沈むとき。うまくいかないと落ち込むとき。そうした気持ちを振り切って、前向きに頑張らなくてはいけない、ということではありません。落ち込んだり、沈んだり、がっかりしたり……。ネガティブな気持ちを味わいながらも、どこか何かのタイミング、きっかけとして、前向きに気持ちを切り替える瞬間をもつことです。今自分がどれだけの豊かさや喜びを受け取っているのか。そこに目を向ける、気持ちを向けることで、心が落ち着いてくることがあります。落ち込みながらも、愛や感謝を感じられる瞬間があります。自分の中に、これだけのものが与えられている、受け取っているという実感や自覚を持てることは、また一つ前向きに進もう、頑張ろうと思える、やる気や情熱に繋がっていくのではないかと思います。

手にしたい願いというものは、誰にでもあるものです。それが手にできないと思うとき、うまくいかないと思うとき。自分には何もないような喪失感やもう無理だという絶望感、諦めの境地というものがあります。その気持ちや思いは自然のことであって、それらを悪者にする必要はないと思います。ある面ではしっかりと落ち込み、沈み、自分の感情と向き合うことです。けれどもそうした中であっても、自分の元に流れ込んでいる、訪れている、豊かさや喜びがあることも同時に感じられる自分でいること。

どんなときでも、与えられているもの、受け取っているものがあります。心が沈んでいるときでも「ある」という肯定の心を持ち続けていきましょう。

そして、いつもその姿勢を忘れずに、与えられたものを遠慮せずに受け取ることができるなら、さらにたくさんの豊かさや喜びがあなたの元に訪れることでしょう。

第3部
「人との繋がり」と向き合う

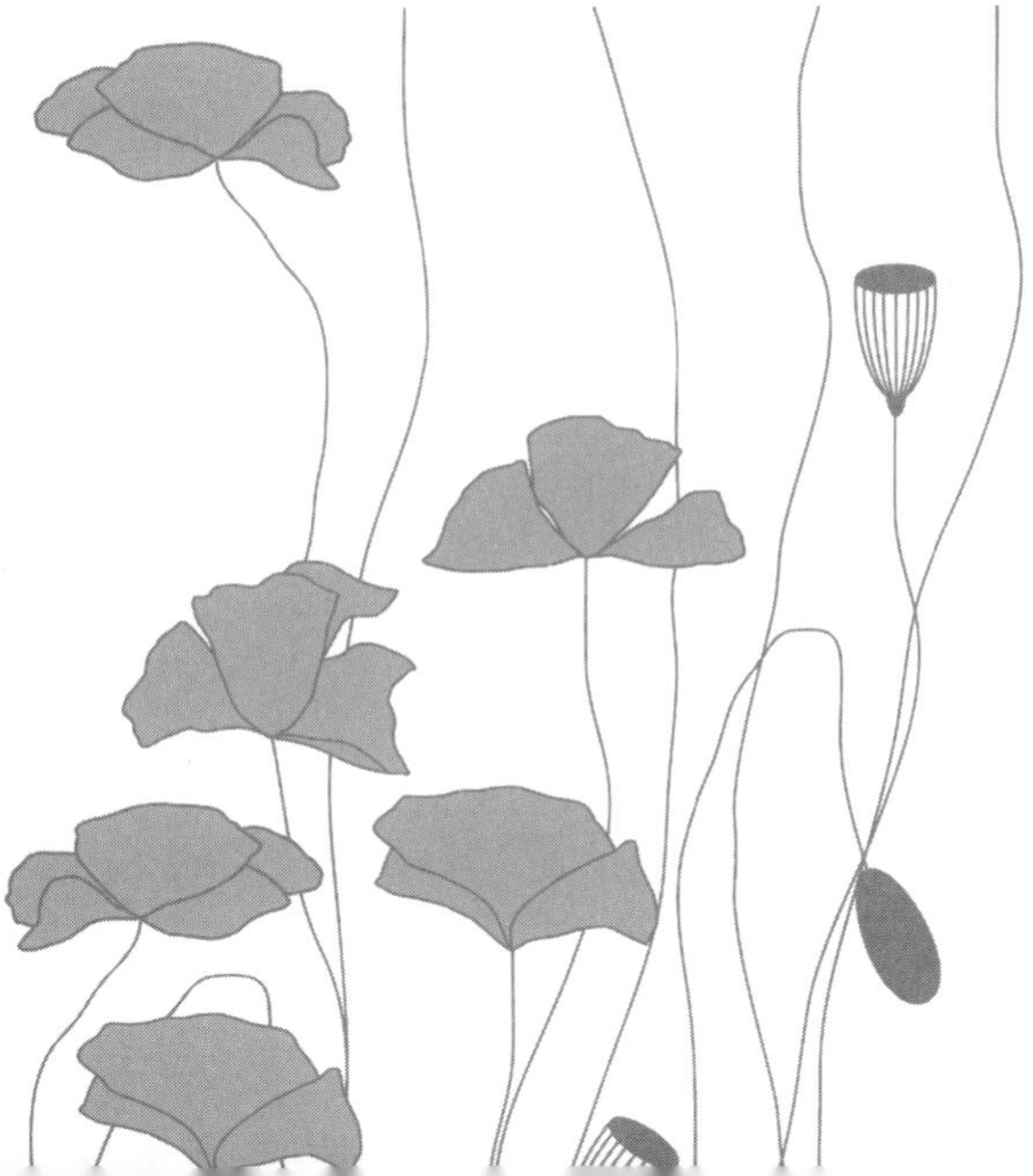

1 家族とどう向き合うのかは、自分自身が決めること

大切にしたい人は誰ですか？　と問われたときに、家族を思い浮かべる人は多くいるのではないでしょうか。

家族は生まれて最初に出会う、大切な存在です。家族との関係が良好に築けている人は、それだけでもう十分、幸せというものを受け取っていることでしょう。

あなたの人生を築き上げる、土台、大元、根っこの部分として、あなたが思っている以上の愛を家族との関わりからすでに授かっています。家族関係が良好である人は、その関係がすでに自分の手元にあることに、感謝していきましょう。

それとは逆に、家族に対していろいろと複雑な感情を抱いている方もいらっしゃるでしょう。憎しみや悲しみ、痛み……そこに愛があるなどとは到底感じることのできない、辛い経験、思いをされている方もたくさんいらっしゃると思います。

自分という存在を受容し、愛してくれるということ。その姿、そのままで、愛されるということ。家族という、一番身近な存在、関係の中で、こうした信頼関係を築けずにいること、またそれらが崩れてしまうことは、自己を確立していく中で、全く影響がないとはいえない経験です。

あなたは家族をとても愛しているのに、願う相手から同じだけの愛を受け取ることができなかったかもしれません。辛く、悲しい思い、むなしく、行き場のない感情がそこにはあることでしょう。

あなたが幸せになりたいと願うとき、そうした相手を愛すべきでしょうか……。相手を許すべきでしょうか……。その思いを無理に変える必要はないと私は思います。

もし、あなたが自分の幸せのために、自分の痛みや悲しみと向き合い、癒し、その方向に心を働かせていくことができるのだとしたら、それはとても美しく崇高なことです。そしてその時間を経ることは、確実にあなたの人生を一つ前向きに開いていくことに繋がっていきます。

けれども同時に、必ずその姿に向かっていかなくてはいけない、ということではありません。自分という姿形、自分の人生、生き方を、どのように作り上げていくのかは、自分自身が決めていくことです。

辛くて悲しい思い、気持ち、経験を通して、自分はどのような心の在り方で過ごしていくか。どのような人として生きていくのかは、自分で決められるのです。許しましょう、愛しましょう、とここで言葉にすることは簡単です。そしてある面ではそれは理想の姿かもしれません。ですが人の気持ちというものは、そう簡単に割り切れるものではありません。

家族に対する複雑な思い。その経験を通して、自分というものをどう作り上げていくのか。心を向ける方向、世界をどこにするのか。歯を食いしばって耐える世界もあれば、手を開いて手放す世界もあります。人を恨む世界もあれば、許す世界もあります。

大切に思う相手と、愛で繋がることができなかった。良好な関係を築き上げることが困難であった。そのような経験を通して、あなたはどのような自分になりたいでしょうか。どのような自分で、毎日を過ごしていきたいでしょうか。そのように自分が決めた自分の姿で、あなたの身近にいてくれる人、大切にしたい人、愛している人と、あなたが思う関係を、あなたの思うように築き上げていくことがあなたにはできます。痛みや悲しみを持ちながらも、あなたの思い描く家族の形を自分なりに考え、見出し、築き上げる。その決定権は自分にあることを信頼することです。

＊何をもって良好な関係というのか。何度も何度も、自分に問う作業を

家族と良好な関係を築く、ということに関して、何を持って良好というのか、

人によってそれぞれ違うものがあるでしょう。

良好であるということが、どのような状態を示しているのか。自分にとってどのような状況、環境であることが良好と言えるのか。そのような部分に対しても、少し丁寧に、自分の心の中を見通していくことです。

ケンカなどせず、波風立てず、争わず……。そうした状況であれば良好である、ということでもないでしょう。他人から見ると、穏やかに見える関係性でも、当事者同士にしてみると、本音でぶつかり合えない、本音を伝えられない、本音が見えない……そうした希薄な関係である場合もあります。逆に、他人から見たらしょっちゅうケンカをしたり、争っていたり、ぶつかり合ったりしているように見える間柄でも、当人同士の中では深くわかりあえている関係というものもあります。

自分がどのような姿であり、相手がどのような姿であることが、お互いにとって良好であるのか。そこにどのような愛があるのか、信頼と絆があるのか。自分の思い描く関係、願う関係を得ることだけが、良好な関係ということではないでしょう。

自分と、相手との繋がり、結びつき。そこにどのような感情があり、どのようなひとときが過ごせているのか。お互いの波長、調和。そうしたことにも思いを馳せながら……。相手との距離、空気、やりとりを感じながら、身のまわりの人たちとの関係を丁寧に感じ、自分と相手とが心地よく感じる幸せの形、関係性を築いていきましょう。

愛している人は誰ですか？　大切にしたい人は誰ですか？　そしてその人たちと、どのような感情、気持ちで、お互いを思い合っていきたいですか？　丁寧に、丁寧に、何度も、何度でも、自分の心と対話をすることです。

本当に大切なことは何？　大切な人は誰？　と問いを繰り返していきましょう。この時代、ＳＮＳなどでたくさんの人と繋がることはできますが、「数」だけでは、あなたの心を満たすことはできません。信頼や絆と表現されるものを、あなたは誰と築き上げていきますか？　誰とその世界で生きていきますか？

数や量、単位だけでは表すことのできないもの。真の豊かさや幸せには「質」が含まれています。

それがたった一人の相手だけだとしても、そこに愛し、愛されるという関係があるのなら……。絆、信頼を築ける人がいるのなら……。もうそれだけで、十分、自分らしい生き方、幸せを一つ手にしていることになるのではないでしょうか。

家族、親族、友人、大切な人とどのように向き合うか。そこにも自分らしさというものが確実に表現されています。うまくいかない関係に心が痛んだり、悲しくなったりすることもありますが、それすらも、お互いの「らしさ」の形であることをどこかでは受け入れて。自分はどうしたいのか。どのように人と関わっていきたいのか。自分の素直な気持ちに向き合っていきましょう。

2 人とうまく関係が築けないときは素直な自分に戻ること

教員だった頃、子どもたちと会話をするときには、ちょっとしたコツがありました。それは上から子どもを見下ろすのではなく、子どもと同じ視線の高さまで、自分がしゃがみ視線を合わせることです。

単純な、何気ないことかもしれませんが、この動作のひと手間があるかないかで、その子どもたちとの関係、子どもたちとの心の距離が全く違うものになります。ちょっとしゃがんで、視線を合わせるというだけで信頼関係が築けるのです。目の高さを同じにすること。そこで目と目が合うこと。お互いの目を見て話すこと。たったこれだけのことをするかしないかで、心の結びつき具合が大きな差となって表れていきます。

こうしたことは何気ない日常の中の、本当に小さなことです。けれどもこうした小さなことの中に、人生の中での大切なことが多分に含まれていると感じています。この小さなことをやるか、やらないか。日々積み重ねていった先に、小さなことが大きな差となって表れてくるものだと思います。

一見、しゃがんでもしゃがまなくても、その場では大して変わらないように見えることです。その中に、人間関係、信頼関係といった目に見えない関係、絆、結びつきを豊かに築き上げる、大事な核となるものがそこにあるとは思わないでしょう。

こうした小さなひと手間が、実はとても大切なことなのだ、という意識があるかないか。そして実際に、行動をするかしないかが人との関係における小さな積み重ねとなっていくものであると思っています。ある程度の時間が過ぎた時に、こうしたことが大きな差となって、姿形となって表れてくることを、子どもたちは教えてくれました。

人間関係を良好に築き上げることができる人というのは、それらを知ってか知らずか、ある面では無意識に自然と、こうしたひと手間を当たり前のようにしている人たちではないかと思います。

相手から信頼されるということ。信じ合える関係を結ぶこと。その関係を築き上げている一つひとつは、こうした当たり前にあるような、何気ない小さな動作であったり、言葉であったりするものです。その動作や言葉の中に、人と人とを繋ぐ、目に見えない幸せが存在しています。

それは目には見えませんから、確認をすることはできません。確認をするのではなく、そこにあることを感じるのです。ですから、「感じる心」「感じられる心」という、心の質も大切になってきます。


人との関わり、コミュニケーションがうまくいかない、人間関係が苦手だと感じるときには、自分にはこうした小さなひと手間がどこか足りなかったり、工夫したりする余地があるのかもしれないと、自分を省みてはどうでしょうか。そのひと手間に心を配るだけで、何かがよい方向へと開かれていくことも多分にあるでしょう。

＊人とうまくいかないと思うのなら子どもに通用する自分でいること。嘘偽りのない姿で堂々といること

教員の経験を通してもう一つ、「子どもには嘘はつけないこと。嘘や偽りは見透かされてしまうこと」を学びました。「大人には通用することも、子どもには通用しないこと」があることをさまざまな場で感じました。

そこで私は、人との関係、関わりは大人であっても子どもであっても同じことである。結局は嘘偽りのない、素直な姿でいることが誰であっても大切であるのだと実感しました。

あなたにもし、人とうまくいかない、人間関係がこじれてしまう、というパターンがあるのなら、自分の言動、心の在り方、人に接する態度等……。自分の外側に表しているものが嘘偽りのないものであるか、素直な態度であるかを感じてみて下さい。それは言うなれば、「子どもに通用するかどうか」ということです。子どもたちには不思議なもので、一瞬で人を見抜くセンサーのような

ものが備わっています。とても感覚的なものですが、その人の本質を見抜くような目、感性が発揮されることがあるのです。嘘や偽り、ごまかし、曖昧さ、適当さ……。この人には近寄れる、近寄れない。信頼できる、できない。そのようなものを瞬時に分別することがあります。実際に子どもと触れあって自分の姿を試すというのは、なかなかできないことかもしれませんが、自分らしい素直な姿でいるかどうか、自分で自分の姿を正直に感じてみましょう。

自分の言動や態度がどこか調子よかったり、適当であったり、嘘やごまかし、ズルさ、不誠実さがあるのなら、それはなぜなのか。どこからくるものであるか。それをどう手直しすることで、素直な自分になれるのかを考えていくことです。子どもに信頼される姿であるかどうか。子どもの前で恥じない姿であるかどうか。それが結局は、大人であっても人と良好な関係を結ぶことに繋がっていくのではないでしょうか。

簡単に言えば、子どもに接するように、素直にまっすぐ、簡単に表現をすることです。

何かを都合よくしようとしたり、策を練ったり複雑にしたりしないことです。大人には本音と建て前、という世界がありますが、子どもの世界にはそれはありません。また、それは言わなくてもわかるだろう、こちらの意図を察してくれるだろうという、いわゆる忖度の世界も存在しません。子どもの世界で通用するかという視点で、自分の言動を見直してみると、それはより単純で素直な表現になっていきます。

子どもの前でまっすぐいられる状態であれば、大人の前でもまっすぐいられる状態であるということです。言い換えれば「堂々としていられる」ということでもあります。そうしたまっすぐな、素直な自分で誰にでも接するあなたでいられたら……。あなたに接する相手は、その姿のあなたに不信や不満を持つことはないでしょうし、険悪な関係になることもないでしょう。

堂々と、まっすぐ前を見据えるその姿に触れたとき、人はそこに嘘偽りがないことをしっかりと感じます。それはその人のその人らしい姿、真の姿であると言い換えてもいいでしょう。そうした姿に触れるとき、人はその姿に喜びと信頼を感じます。

なぜなら真の姿は、気持ちが良いのです。そしてその姿は、相手にも同じように、相手の素直な姿を引き出していきます。まっすぐな、気持ちの良いその姿に触れたとき、人はそこに嘘偽りがないことを感じます。そしてそのような姿でいる人に対して、疑いの目を向けたり、卑下したりすることはないでしょう。

言葉は悪いですが、ひねくれた目で捉えれば、これらはいくらでも否定できることかもしれません。また嫉妬や妬みから、素直でまっすぐな心地よさを受け入れられず、けなすこともあるかもしれません。けれども子どもは必ず感じます。その姿を素直に受け入れています。素直に認めています。

その人らしく、本来の姿でいることを子どもはしっかりと感じられるのです。ですから、人間関係を良好に築きたいと願う時こそ、素直で純粋なセンサーを持つ子どもに、自分の態度や言動がどのように映るのかを感じてみるとよいでしょう。自分らしく、素直でまっすぐな自分でいるか。その姿を子どもは嘘偽りなく感じるだろうか。自分で自分を見つめ直してみることです。

人によって態度を変えたり、調子よく振るまったり、表と裏で言動が違ったり、そういった姿はある意味、きちんと伝わっていきます。自分の発する言葉、態度が恥ずかしくないものであるか、省みることです。

大人であっても子どもであっても、誰であっても。いつでも、どこでも、嘘偽りのない素直な自分でいられるのなら、そこには嘘偽りのない素直な人間関係も同時にあることでしょう。

3　子どもの頃、扱ってもらいたかったように人と接してみる

人間関係について、何か課題を感じているものがあるのなら、今自分が人と関わることに対して、どのような痛みや傷、恐れや不安を持っているのか、感じているのか、その部分と向き合ってみることで、何かを少し変容させていくことができるかもしれません。

その一つとして、子どもの頃の自分をあらためて思い出してみてはいかがでしょうか。小さい頃の自分は、どのような子どもであったでしょうか。親や兄弟、友達、学校の先生……。周囲にいる人たちはどのような態度で、あなたと接していたでしょうか。本当はこうしてほしかったな……。あの時の、あの言葉や態度は嫌だったな、傷ついたな……。子どもの頃を振り返った時、忘れられない思い、印象深い出来事が思い出されるかもしれません。その出来事を思

い出したときに、今もまだ胸の中で何か疼くものがあるのなら、あなたの心の中では、過去のものとして終わっていないものがあるのかもしれません。まだある部分では同時進行で進んでいるものなのかもしれません。

こうしてほしかったな……という願いや希望が湧き上がるとき、相手にその言動、態度を求めることはもうできないことでしょう。やり直しがきかないからこそ、今もこうしてその出来事に対しての思いが終わらずにいるのかもしれません。その思いがあることで、今の自分があまり幸せでないのなら、過去の出来事、その時間を、自分が幸せに過ごせるものになるように、その扱いを変えていくことではないでしょうか。

それには、自分の態度、言動を何かしら変えていく、と決めることではないかと思います。子どもの頃、自分が扱ってもらいたかったように、自分自身が出会う人を大切にする、とそのように決めてみることで、前向きに開かれていくものが生まれます。こうしてもらって嬉しかったな、ということや、このように言われて悲しかったな、ということ。

自分自身が味わってきたものがみなそれぞれにあるはずです。誰かの優しさに触れたなら、同じように自分も優しさを与えてみること。誰かから受けた痛みや傷は、自分の元で終わらせる、という気概を持つこと。傷ついた言葉は使わない、と決めることや、嫌な態度はとらない、と決めることは、その人の持つ勇気です。自分はそのようにしない、と決めること。そして扱ってほしかったように、自分がその姿になるということ。

受けた痛みや傷があるからこそ、誰かの痛みに寄り添い、悲しみを感じられる自分になれたのかもしれません。誰かに優しくなれる自分になれたのかもしれません。扱ってもらいたかったように、出会う人を大切にしていく、という在り方でいるとき、あなたの中にある過去の痛みや傷は、誰かにとっての愛や優しさへと、あなたの中で変化、変容し、誰かの元に届けていくことができます。傷や痛みを愛からの発信へと変化させることが自分の中でできるのだとしたら……。とても素晴らしい、前向きな変化が自分の中で行われているのだと思いませんか。

痛みや悲しみを、いつまでもそのままにするのではなく、自分がより幸せに過ごしていける方向へ。そのように変容させていける心の力を持つこと。受けた痛みや傷を愛や優しさへの発信と変えていくことができるのなら、人との関わり、関係も、同じように愛や優しさからの関係へと変わっていくのではないでしょうか。

また子どもの頃に、あなたに愛を向けてくれていた大人を感じてみましょう。優しかったな、好きだったな、という人を思い出すとき、あなたは誰を思い浮かべますか？　おばあちゃんが大好きだった、という人もいるでしょうし、学校の先生が大好きだった、という人もいるでしょう。近所のおばちゃんを思い浮かべる人や、親戚のおじさんを思う人もいるかもしれません。その人の愛や優しさをどのようなときに感じていたのか。何かしらの印象的な出来事、思い出がそこにあることでしょう。

その人の愛や優しさを感じていた、ということは、その愛や優しさは、あなたの中でも同じように、育んでいけたものであるはずです。その人との時間や出来事、エピソードを思い出すとき、あなたの中に愛が流れていることをきっと感じられるはずです。心の中に穏やかなもの、温かなもの、喜びや嬉しさが、あふれてくることを感じるのではないでしょうか。

人との関わり合いがうまくいかない、と感じられるとき。痛みや傷を感じてしまうとき。こうした自分の中に流れている愛や優しさを思い出すことは、その関係性に前向きな変化をもたらしていけるのではないでしょうか。自分が受けた愛や優しさと同じように、誰かに愛や優しさを向けられる自分になること。その姿は、相手が誰であっても、どのような人であっても、自分の中で決めていけるものでもあります。

誰に対しても、あなたの中にある愛や優しさを気持ちよく、素直に表現できる自分であるとしたら、あなたの元にはもっとたくさんの愛や優しさが訪れるかもしれません。

4 嫌いな人のことで心をいっぱいにしない

毎日の幸福度を高めるのなら、身近な人たちとの関係を良好に築くことだと思います。身近な人……と言われて、思い浮かぶ人たちは誰でしょうか。大抵は、親、兄弟、夫や妻、子どもといった家族や、友人や職場の同僚、上司や部下といったあたりでしょうか。

出会う人すべての人と良好な関係を築くことができるのなら、それは素晴らしいことです。ですが実際は、なかなか難しいこともみな感じているでしょう。身近に気の合わない人や、嫌いな人がいる場合、その人のことを思い出すだけで、気持ちが落ち込んだり、嫌になったりするかもしれません。気の合う、合わないというものはやはりありますから、これもある面では自然なことです。あの人とは気が合わない……と、自分でもよくわかっているのに、なぜかその人のことが気になってしまって頭から離れない、ということも時にはあるでしょう。嫌な気持ちになることはわかっているのに、どうしても気になってしまう……。気にしたところで、関係が良好になることはないこともわかっているけれども、頭が、心が、そこから離れることができない、という感じでしょうか。

心をどちらの方向に向けていくか。今何が自分にとって大切なことであるのか。そうした視点で、今一度、とらわれた心を見通していくと、少しずつ、心の落ち着きを取り戻していけるようになります。

嫌いな人、苦手な人に思いが向いて、気持ちが落ち込んでいるときは、「今の自分にとって、本当に大切な人は誰か」というところへと、心を切り替えてみることが大切です。

大げさな空想話になってしまうかもしれませんが、明日、どこか遠い国へあなたは旅立つことになり、10年、20年と……長い間帰国することができないとしましょう。あなたは誰にまっ先に会いたいと思うでしょうか。そして、どのような言葉で、どのような態度で、何を伝えると思いますか？
それは、今あなたを憂鬱にさせるあの人に会うことではないでしょう。あなたが今会いたい、大切にしたい人がいるはずです。誰が思い浮かぶでしょうか？そして何を伝えると思いますか？　長い間会うことができなくなってしまうよ、離れてしまうよと言われた時に、あなたが苦手だと思っている人や嫌いだと思っている人のことは、一寸たりとも浮かばないのではないでしょうか。

人は不思議なもので、気の合う人や、波長が合う人のことよりも、気の合わない人や、苦手な人に対して、意識を向けることが多くあります。好きか嫌いかと言われれば、みな好きなことを選択すると口では答えるでしょうが、実際の心の働き、選択は、嫌いなことのほうにばかり心が向いているということもあるのです。

嫌なことというのは、心の中では軽くあしらうことのできないことですから、ある面では仕方のないことかもしれません。ですが、そうした時にこそ、自分の人生の中で、「本当に大切にしたいこと」を感じることです。心の向ける先を、誤らないことです。

あなたが大切にしたい人は誰ですか？　と聞かれた時に、すぐに思い浮かぶ人は誰でしょうか？　当たり前のことですが、その思い浮かんだ人との関係を、穏やかで温かく結んでいることです。

嫌いな人、苦手な人のことで心をいっぱいにしないこと。心がそのようになってしまった時は、心を向ける先はどこか、誰か。優先順位を思い出していきましょう。

5 過去に味わった痛みや悲しみ、傷は「過去」のものであり「今」のものではない

人との関わりに対しては、みな誰でも少なからず痛みや悲しみを持っているものです。生まれてから一度も、人との関わりの中で嫌な思いをしたことがないという人は、ほぼいないことでしょう。

それはあなたの人間性がよくない、ということではなく、誰でもみな心を育む段階では未熟なところがあり、成長段階の一つとして、誰かの言動に傷ついたり、また自分の言動で誰かを傷つけたり、そうした出来事を繰り返しながら、人との関わり方を学んできたという、ただ素直にそれだけのことです。

ですから、過去にあった悲しみや痛みを通して、自分がどれだけ成長できた

のか、そこに思いを馳せることはあっても、過去のあなたが悪かったとか、よくない人間であったとか、そのようなことを感じ、いつまでも自分を否定する必要はないのです。

　また人間は不思議なもので、受けた傷はよく覚えていますが、自分が与えた傷に関しては、意識が及ばないこともあります。

　自分の言動が、誰かを傷つけてしまった、知らず知らずのうちにそのようなことをしてしまった、ということもあります。また同じような出来事があっても、そのことで傷つく人もいれば、全く気にも留めない人もいます。嫌な思いをしても、さして気にせず、すぐに別のことに気持ちを切り替えられる人もいれば、そこからなかなか切り替えができずに、立ち止まったまま、今もその時間が流れている人もいます。そこは受け止め方の違い、気質、性格というものも、一理、要因としてあるところでしょう。

　辛い過去をすべてなしにしましょう、ということではありませんが、あなたの中にあるその傷、痛みや悲しみに関して、自分の気質、性格がどのように働

いているのか。そのような視点からその出来事を捉えてみることで、受けた傷に対しても、また違った捉え方ができるようになるかもしれません。

過去に、人間関係でつまずいたからといって、これからも同じようにつまずくと決まっているものではありません。過去の体験は、良くも悪くも自分の中の一つの判断基準になりますから、人間関係について過去に痛みを味わった場合、これからの姿に関しても、また同じように痛みを伴うのではないかと見通すのは、ある面で自然なことです。

過去の出来事を、いろいろな視点からあらためて見通すこと。大人になった今だからこそ、あの時に見えなかった、感じられなかった部分に、思いが届くことがあります。

またあの時のように、同じことを繰り返してしまうのではないか、という恐れを感じたら、それは過去の出来事を、今に結びつけてしまっている合図だと認識しましょう。

あの時はあの時、今は今。全く同じことにはならないこと。あの時の出来事は、今の自分をよりよく生かすための学びであったと、そう捉えることはできますか？　その学びがあったからこそ、これからの人間関係は前向きに開かれていくものであると、そう信頼することから始めてみてはどうでしょうか。

あの時感じた痛みや悲しみは、ずっと嫌なこととして持ち続けるものでもなく、あの場から動けないままのものでもなく、今に活かすための大事な練習、過程であったことを感じてみましょう。

＊自分の居場所、環境、行動範囲を今一度見直してみる

信頼し合える人、家族、友人、同僚、仲間……。自分はそうした人がいないと思うときには、あなたの居場所、コミュニティをあらためて見つめ直してみることも大切です。

あなたが今いる環境の中で「新たな出会いの場」はあるでしょうか？　ここ一週間、一ヵ月を振り返って、初めてお会いした人は何人いたでしょうか。

出会いの場を持たなくてはいけない、ということではありませんが、あらためて自分の毎日を振り返ってみると、毎日同じ場所の往復をしていたり、たまに、どこかに立ち寄る程度であったりと……。自分の活動範囲、行動範囲というものがほぼ定まっていて、その中で行ったり来たりを繰り返しているという生活の方も多くいらっしゃるでしょう。

まずは自分がどれだけ小さな環境、集団、コミュニティの中に身を置いているのか、どのくらいの範囲の中で毎日を過ごしているのか、そこに気がつくことが大事です。自分がいる場所のサイズを、あらためて感じてみることです。いったい何人くらいの集団の中で、行動範囲の中で、あなたは過ごしているのでしょうか。

また、今まであまり、仲の良い友人ができなかった……と、その経験から、今も人との関係を築くこと、結ぶことに臆病になっているとしたら、その当時にいた環境、集団の大きさを今一度感じてみることです。

学生時代、学級の中に男女は何人いたのか。よく考えればわかるはずです。

たった数十人の中で、気の合う友人がいたとかいないとか、そのくらいの大きさ、サイズの中で生きていたということを感じられるでしょうか。

当時はきっと、そのような視点で自分の身の回りの環境を見通すことはあまりなかったはずです。学校という大きな組織、集団の中の一員ではありましたが、その中であなたが身を置いていた学級という集団、さらにその中の友人数人の集まり……。たくさんの人がいる環境ではありましたが、実際にコミュニケーションをとっていた人数というのは案外、数人、数十人……ではなかったでしょうか。

そうした集団のサイズが感じられるようになると、あの頃、気の合う友人ができなかった、いなかった、友人と良好な関係を築けなかった……というのは、ある面では仕方なかったことだと見通せるのではないでしょうか。

教員だった頃に学級担任の経験がある私からみると、このサイズ感、人間関係はとてもよくわかることです。友達がいない子、できない子に何か問題があるというのではなく、学級編成という仕組み、枠組みの中で単に、もともと持っている気質の違いで、本当にそれだけで、気が合う、気が合わないということがあり得るということを経験上よくわかっています。どちらに良いも悪いもなく、ただ単に、気質の違いということです。

過去、友人がいなかった、少なかった、楽しい関係が築けなかったことが自分の中の痛みや悲しみとなっているからといって、それは単に状況や環境として、小さなサイズ感、集団上、仕方なかった部分があったのかもしれません。そしてそれはあなたの今、これからも、友人ができない、友情が育めないということでは決してないのです。

＊あなたは、あなたの人生に「友情」という喜び、幸せを望みますか？

自分らしく、幸せに生きるという時、自分の人生の中に「友人」「友情」というものを、受け入れていくかどうか、それはあなたが決めることです。友人は作っても作らなくても、どちらでもいいものです。子どもの頃、大人から教え込まれた「みんな仲良く」とはもう違って、誰かに強制されるものではありません。

自分の心に、素直に、正直になって……。喜びや悲しみを共に分かち合う、心が通い合う、そのような友を、あなたは望むかどうか、丁寧に心の中を感じてみましょう。

過去の痛みや傷から、私は一人でいいと予防線を張ってしまうこともあります。友情を求めても、また同じ痛みを味わうかもしれないという恐れが生まれることもあるかもしれません。その恐れから、一歩を踏み出すこと自体、避けてしまうこともあるでしょう。

静かに落ち着いて……本当はどうしたいのか、繰り返し自分の心に聞いてみましょう。

人はやはり、人との繋がりの中に安心や信頼を深めていくものであり、誰かと繋がっているという思いが自分の中にあること、そのものが、幸せの質や豊かさを感じていく一つのサインにもなるのです。たまに一人になることを望むときはあっても、それは孤独を求めていることではないことを、感じられるのではないでしょうか。

友人がいたらどのような気持ちになるか。どのような世界が広がるのか。その世界の中であなたはどのように過ごしていきたいのか。心の声に耳を澄まして、丁寧に、心の奥底にあるその声をしっかりと感じていくことです。

友情という豊かさ、幸せの姿形を、受け入れてみようと思うのなら、素直に友人を求めてみましょう。友人は数の多さではなく、質です。この人と繋がりたい、共に笑い合いたいと、そう願う人との出会いを求めること。いつも同じ範囲で同じ人達とだけの毎日から、新たな人、新たな場所との出会いを求め、その扉を開いていくことです。人との繋がりは、お金では決して買うことのできない豊かさの一つです。

6 周囲は嫌な人ばかり……⁉ 自分の判断、基準を疑ってみる

みなどこかで「人を判断する」ということをしています。その判断の方法や基準、感性に対して、時々は、自分で自分を疑ってみることで、人との関係を良好に整えていけることがあります。

身の回りの人間関係を見直したとき、私の周りにはいい人がいない……と、そのように感じる人もいるかもしれません。あなたが「この人は私に嫌なことばかり言う」と思っている人にも、その人を大切に思う家族や友人がいるものです。私とは気が合わない、という言葉で片付けることもできますが、あなたにとって気が合わないと思っている人でも、逆にその人と気が合う人がいる、楽しい時間を過ごす誰か、家族や友人がいるということ。嫌な人は嫌な人のまま

でいいですが、その嫌な人も誰かにとっては大切な人、好きな人でもあるということ。そのように気持ちを向けてみることはできますか？

本当に「私の周りにはいい人がいない……」のでしょうか？「嫌な人ばかり……」でしょうか？　この人のここが嫌だ、あの人のこの態度が気に食わない、こちらの人はこういった気質が合わなくて、あちらの人はああいう言動が受け入れられない……等々。もしかしたら、自分自身が不平不満ばかりということはないでしょうか。

いつもどこかで誰かの短所や欠点を見つけては、否定や批判をして、「嫌な人ばかり」ということになっているのだとしたら、それは厳しく言えば自分の感性、人を見る目、捉え方がそこにしかないから、ということになります。あの人は、自分以外とは楽しく過ごせる、気が合う人がいるのだとしたら、なぜ自分とは合わないのでしょうか。

気が合うか、合わないか、という側面は大事なことですが、完璧にすべてが合う、寸分違わず自分の感性と合う、ということはなかなか難しいことでもあります。もし、人との関係で、なかなか気心を許せる、気の合う人がいない……と思うのであれば、もしかしたら自分の中で人に対しての判断基準が、否定や批判に偏っているのかもしれないと自覚してみることです。この人のここが嫌だ、あの人のここが合わない、と「気の合わないほう」にばかり目を向けていないか、感じてみることも大切でしょう。

人の欠点ばかりが気になる、すぐにそういうところに気がつくという場合、自分からみて相手の人の性格や人格が悪いように感じることがあるかもしれませんが、すべての人が同じように、相手の人をそう判断することはありません。短所や欠点、そうしたところに目が向く、気を向けるのは、自分自身がそこに視点を向けているからです。自分自身のそのような性格や気質に対して、そこには全く自分では無頓着であるのかもしれません。

この人は嫌だなと感じるあなたの世界のすぐとなりに、その人と楽しく過ごす人もいます。この人との時間は楽しいなと、お互いが信頼しあう世界があります。

気の合わない人と仲良くしましょう、あの人と気が合わないのはあなたが悪いのですよ、ということではありません。ただ少し、そのような側面を感じてみるのです。

自分の周囲には本当にいい人がいないのか？　嫌な人ばかりなのか？　と。短所や欠点にばかり気が向く自分が見通すから、そのような人に見えているのではないか、と。

その人にももちろん、その人の優しさや愛があるのです。もしかしたら自分自身の感性が、人を判断する基準が、厳しく人を裁く視点であるのかもしれないということ。

気が合わない人と無理をして一緒に過ごす必要はありませんが、自分には合わずとも、誰かとは気が合う。その人にもちゃんとそうした好さがあるのだということを、頭の片隅で感じてみることが、人間関係を少しずつ良好に整えるために必要なことかもしれません。

＊人の好さを感じられるよう、自分の感性を磨くことで、大切な人が現れる

そうやって少しずつ、その人の好さを感じていけるようになることは、心の器を広げることに繋がっていきます。

その人の中に少しでも嫌なところ、気が合わないところを感じるだけで、この人は私とは合わない人、という線引きをするのではなく、ただ素直に、目の前にいる人の中にある好さに目を向けられるようになること。ほんの少しでも、ちょっとした出来事の中にでも、その人の人柄、好さを感じられる、自分の感性を磨くことです。

最初からうまくはできないかもしれません。好さよりもちょっとした欠点や短所のほうに気が向くかもしれませんが、そこは感性を磨く練習も含めて、今は見て見ぬふりをする、と決めましょう。大事なのは、そのくらいの大らかさが持てる自分でいるということなのです。そのような自分になってみること。心

地よく受け入れてみること。自分自身も完璧ではないことは、誰もがみなわかることです。そのように欠点や短所に目を向けることをやめて、この人にもどこかに好さはあるのだということを信頼して向き合っていくと、自然とあなたと気の合う人、お互い心を許せる人がいつの間にか……あなたの目の前にいてくれるようになります。この人は、いい人か悪い人か。そのような判断や、線引きをやめて、目の前にいる人の好さを感じていけるような、そのような感性をもつ自分でいることです。

目の前にいてくれる人、身の回りにいてくれる人の好さを感じ、素直に付き合っていく中で、いつの間にかあなたの大切な人となる人が現れてきます。先にもいいましたが、そこは数の多さではなく、質です。まずは、一人、二人……三人……と、そのくらいの人数、サイズ感で目の前の人、一人ひとりと向き合っていくことです。あなたの前に信頼できる人がいてくれること、そこに愛や友情、縁や絆があることで、もう十分あなたの喜びや豊かさはそこにあることに気づくでしょう。

7 人と繋がること、分かち合うことを恐れない

女性は共有すること、分かち合うことが好きであり、得意であると感じています。人によってはあまりそのように感じないと思われる方もいらっしゃるかもしれませんが、気の合う友人との楽しいランチタイムなどは、まさに分かち合いのひとときです。おいしいものをいただき、たわいもないおしゃべりをして過ごす数時間。

一見、なんてことのない日常の一部かもしれませんが、女性はこうしたひとときがあるだけで、十分日々の疲れを癒やし、英気を養うことが可能です。そこには共感し合い、励まし合い、寄り添い合い、笑い合う、心満たされるやりとりがあります。それはお金や品物でははかることのできない、豊かさの一つです。

裏を返せば、こうした分かち合う瞬間を自ら生み出す、という意識を持つことで、人生に一つ、豊かさを手にすることができるようになります。誰かと何かを分かち合う、共有し合うという喜びを、あなたの人生のどこか一つに加えてみるだけで、何か心の中が一つ、満たされることがあります。

学生時代などに友人関係で悩んだ経験がある人や、関係がうまく結べずに傷や痛み、悲しみを味わったことがある人の場合、人と繋がることを恐れてしまうことがあります。自分一人で行動したほうが気が楽であったり、誰かと繋がることでまた傷を負うのなら、自分一人でいたほうがいいと、自ら距離をおいていたりするのです。

こうした感覚を持っている場合、分かち合いましょう、共有し合いましょうといわれると、人と繋がることを面倒くさいことのように感じたり、考えただけで気が重くなってしまったりすることがあるかもしれません。

過去の出来事に対して、痛みや悲しみがある場合、それは重しにもなります。

気軽にそうだね、と動き出すことがなかなかできないものでもあります。

ですがだからこそ、難しく扱うのではなく、気を遣って負担に思うのではなく、自分の中にある喜びや相手の中にある喜びを一緒に楽しんでみる、くらいの感覚でまずは試してみることです。よろしければどうですか？　というくらいの気楽さで、分かち合いを楽しんでみるという感覚です。


ここで相手からの反応があまり良くないように感じたり、はっきりと断られてしまったりすると、自分を否定されたように感じてさらに傷ついてしまう場合もあるのですが、そこは少し、人生の扉を前向きに開く勇気を持って、お断りも気軽に受け流すことです。

そしてその場合は、出来事を冷静に捉えることも大切です。それはあなたを拒否したのではなく、ただ単に都合が合わなかったり、相手の興味がそこになかったりしただけのことです。

また、声をかけることで相手に余計な負担をかけてしまったのではないかと、相手の反応を気にしすぎてしまう方もいます。勇気を出して声をかけたけれども、それが失敗に終わってしまったときには、小さな傷を自ら負うことかもしれません。

こうした傷や痛みを繰り返すことで、人と繫がることを恐れ、距離を取ることを学んだ方もいらっしゃるかもしれません。けれども世界の中のどこかには、ちゃんとあなたと喜び合い、笑い合い、心地よいひとときを過ごせる誰かがいるのだということを感じていくことも大切なことです。

人は人と繫がることにより、愛を感じます。分かち合う相手を求めることを自ら放棄しない、という姿勢を持ち続けること。その勇気をどうか手放さないでほしいと思います。

心の中を丁寧に感じていけば、本当に繫がりたい人、分かち合いたい人は、数や量ではないことがだんだんとわかってくることでしょう。私には心許せる相手がいないと、そう感じているのだとしたら、それはあなた自身が、自分の心を開くこと、相手にゆだねること、すべてをさらけだすことを、誰にも許していないからではないでしょうか。

過去の経験、傷や痛みから、人との距離を取ることを学ぶことは大切なことです。ですが、すべての人と距離をとり続けていることは、人生の豊かさを一つ、放棄していることにも繋がっています。

たった一人でもよいと思いませんか？　あなたがあなたの喜びも悲しみも、ともに分かち合う人との出会いをあきらめないでほしいと思います。また逆に、あなたが誰かの、そうした存在になることも自分に許してほしいのです。自分のことのように嬉しくなる、悲しくなる、そんな人との繋がりが、今ここにあることは何ものにも代え難い、素晴らしい宝物であるということです。

自分の人生にそうした喜びを味わうことを許す。自ら与えるということを自分で許していかない限り、それはいつまでたっても訪れることはありません。人と繋がること、分かち合うことを何度も試していくことで、心からわかりあえる、そうした人に出会っていけるのだと思います。

＊人と繋がることも練習の一つ。何度も試していくこと

もう一つ大切なことは、「よければどうですか？」と分かち合っている中に、自分のいろいろな都合を含めない、ということです。

自分の都合が入り込んだ時点で、それは分かち合いとはいえません。自分の都合のいいように、あなたのためを思って……といった思いや願いは、ある面では相手にとって余計なお世話に感じるかもしれませんし、勝手なお節介に感じるかもしれない、ということです。

相手がどう感じるか、どう捉えるかは、完全に相手にあるものです。そのことを信頼した上で、あなたと楽しいひとときを共有したいと、その願いを伝えていくことです。そこにこうあるべきだ、こうしてほしかった、という期待や願いがあるのは、どこかで勝手に自分の理想や願う姿を相手に押しつけているだけのことになるのではないでしょうか。

物事を素直に捉え、相手との共有が図れなかった場合には、ただそこに違い

があったり、都合の問題があったりしただけのことだと理解することです。自分が期待しすぎていただけではないかと、自分を省みる姿勢は大切なことです。また、自分が嫌われているからではないか、相手に不快な思いをさせてしまったのではないかと、相手の反応に心奪われて、いろいろなことを考えすぎないこと、とらわれすぎないことも大切なことです。そこは素直に、単純に、相手の決断をそのまま尊重していくことです。

こうした失敗、傷や痛みを何かしら得ると、分かち合うことに対して、肯定的な思いを抱くことができなくなってしまう場合もあります。分かち合うことは迷惑なことではないか、という観念ができあがっていくと、分かち合いは喜びであると、肯定的に捉えることが難しくなってしまうのです。

確かに行き過ぎた誘いや提案はひとりよがりであるし、お節介かもしれません。それは分かち合いではないものであると、きちんと認識をすることです。分かち合うことに抵抗を感じてしまう場合は、自分が感じていることの中に、勧誘や押しつけ、ひとりよがりの思いなどが含まれていないか、そうしたものも見通してみると良いでしょう。

分かち合うことは、自分と相手との間に、心地よいひとときや、心の奥で繋がる穏やかな愛があることです。どちらか一方は喜んでいるけれども、もう一方は不快な気持ちになっていたり、悲しんでいたりすることは、当たり前ですが分かち合いではありません。

よければどうぞという気楽さで、自分の喜びを周囲の人へと分かち合ってみることを試していきながら、同時に、それを断られても、相手にとっては喜びを感じることでなかったとしても、それはそれで相手の決断、受け取り方をまるごと受け入れていく、という姿勢をもつこと。

場合によってはお節介かもしれません。失敗もあるでしょう。それは相手の様子を丁寧に感じ、自分勝手にその思いを押しつけない、という気配りが必要です。

けれどもちゃんと、あなたの喜びを同じように心地よく感じ、ともに喜び合う友人や仲間は必ずいるということにも信頼をおくこと。先ほども書いたように、誰かと繋がること、喜び合うことを自ら放棄しないという、ほんの少しの情熱、勇気を持ち続けてほしい、ということです。

そしてまずは、自分が分かち合いを受け入れる、楽しんでみるという側に立つことです。誰かの喜びを自分の中に受け入れて、ともに喜びを感じるということを試していきましょう。誰かの喜ぶ姿を見て、自分も嬉しくなることや幸せの姿を感じていくこと。自分も同じように幸せな気持ちになることも、人生を豊かにする、一つの姿形であるのですから、まず自分自身が誰かの思い、喜びを分かち合える自分になることです。

人と繋がることを恐れず、まず一つ、「分かち合う」という経験を気楽に楽しんでみましょう。最初から順調に、うまく運ぶとは限りません。小さな失敗や痛みが、時にはあるかもしれませんが、まずは自分の中に「分かち合う」「喜び合う」という豊かさを、ここで一度学んでみようという在り方を持つこと。それはお金で買うことのできない豊かさであり、またその価値を別の何かによって表すことも難しいことでもあるものです。

これは、経験をしないとわからないものの一つです。教科書を読んでも、ネットで調べても、わかりません。やはり経験をして、目の前の人と、心の繋がりを感じていかない限り、わからないことなのです。

数や量ではかることのない形での豊かさ。これを手にする喜びをぜひ、味わうことを自分に与えていくこと。喜びも悲しみも分かち合える人がいるという事実は、あなたがここにいる意味、存在にとって大きな支えとなってくれるものでしょう。

人との繋がりや心のやりとりは、はっきりとした姿形として認識することは難しいことですが、今ここに、確実に、かけがえのない幸せ、豊かさがあるということを感じられる人生は、幸せでしかありません。嬉しいことも悲しいことも、ともに分かち合えること。ともに、嬉しいね、悲しいね、と気持ちを重ねていくこと。そうした人がいてくれること。分かち合う喜びは、数や量ではかれない豊かさであること。

まずは、お試し、練習から。半分どうぞ、よろしければどうぞの気持ちで、自分の喜びを周囲に伝えていきましょう。そして同時に、あなたの周囲にある誰かの喜びを、あなた自身がともに喜び合える心をもつこと。その感性を磨いていきましょう。

あなたの喜びが私の喜びそのものだと、そう感じられる人がいるのなら、それは素晴らしい宝物、豊かさを一つ、手にしているという証です。

人と繋がること、分かち合うことをどうか恐れずに。ほんの少しの勇気と情熱を持ち続けることが、あなたの人生をより豊かに開いていくことでしょう。

おわりに

最後までお読みくださり、ありがとうございます。こうして手に取っていただけたこと、心より感謝いたします。

私は、誰かの悩み、不安や迷いに耳を傾け、ときに寄り添ってきました。それは決して、私が何かを解決をしようとか、私がなんとかしてあげようとか、そのような気持ちで向き合ってきたことではなく、その時々出会った方々がきっと、その時々に話したい何かがあったからなのだろうと思っています。ただ、「そうだね。そうなのね。きっと大丈夫だよ」と、その言葉を待っている方がいたのだろうと思っています。少なくともここに一人、「大丈夫だよ」と思っている人がいるよ、と。その言葉を伝えるだけで、誰かの心に少し、安心や安堵があったのかもしれません。
現実を見れば確かにいろいろあるかもしれません。今すぐ解決できないこともたくさんあるでしょう。けれども私は、そうした中であってもあなたらしい姿を信頼しています。あなたの未来を信頼しています。それは自分が辛いとき、悲しいとき、その言葉と信頼が、自分に力を与えてくれることをどこかで知っているからかもしれません。きっと、自分にかけてほしい言葉を、誰かに伝えているのかもしれませんね。

以前、教員をしていたときには、たくさんの個性あふれる子どもたちと出会いました。当たり前ですが、誰一人として同じ人はいません。頭ではそうわかっているのに、学校という集団の中では、ある約束や規律、ルール、枠の中で過ごすことを求めてもきました。子どもの時から生きづらさを感じて過ごしてきた人も、きっとたくさんいることでしょう。自分の生い立ちや家庭環境など、誰にも言えずに胸の内にしまって過ごしている人もたくさんいると思います。

自分を幸せにするのは、自分でしかできないことなのかもしれません。なぜ自分に生まれたのか。この環境、境遇に生まれたのか。宿命という部分にはあらがうことはできないのかもしれませんが、その後、自分をどのように表現し、日々どのように過ごすのか。そこには自分に与えられた、許されたものがあることでしょう。

自分はどう生きたいのか。自分はどう在りたいのか。思う通りにいかないことも、歯がゆい思いをすることも、悲しい思いをすることもときにはあります。けれども自分で自分を生きることをあきらめないでほしいと思います。「大丈夫だよ」と私は伝え続けたいです。あなたがあなたらしくいることを、私は信頼し続けます。あなたらしい幸せ、あなたらしい生き方が、必ず、確実に、あなたの中から開いていくことを私は信頼し続けます。これからも応援し、祈り続けていきますね。

最後になりましたが、ここまで長い道のりをお付き合いくださったClover出版社、小田編集長、阿部さん、本当にありがとうございました。小田編集長に出会い、夢が一つ叶いました。この道を開いてくださったこと、ご尽力いただいたこと、心より感謝申し上げます。そして「出版を楽しみにしています」と応援し続けてくれたみなさん。みなさんの声、応援が私の力になりました。本当にありがとうございました。

出会い、ご縁に感謝を込めて。

喜多川恵凛

プロフィール

カウンセラー・ヒーラー・スタイリスト

喜多川 恵凛

（きたがわ えりん）

千葉県千葉市出身。
小・中学校教員として2,000名以上の子どもたちや保護者と関わり、
学習面、生活面を支えていく中で、人が幸せに毎日を過ごし、
前向きに成長をしていくには、心の在り方、物事を多面的に捉える視点、
人との関わり方が重要であることを実感する。
子どもと保護者、その両者に深く寄り添い、自己肯定感を育みながら、
自信を持って人生に向き合っていけるよう支援を行い、多くの信頼を得る。

その後、家業を継ぐため退職し、現在は二代目経営者として業務に従事する傍ら、
オフィス喜多川を立ち上げ活動中。
「誰もが自分の才能や魅力を生かし、自分の人生を信頼し、心豊かに生きていくこと」を
今世の信念、使命として、個人カウンセリングを行っている。

数秘術とレイキヒーリング、ファッションロジック®を取り入れながら、
実生活に沿った具体的なサポート、アドバイスは、
わかりやすく実践しやすい、変化変容、癒しが確実に進んでいくと、
20代～70代まで幅広い年代の女性から支持、共感を得ている。

自分らしい幸せの姿、過ごし方を目的としたメールマガジン
「毎日をちょっぴりハッピーに過ごすコツ」を
月～金、毎朝8時、週5日、日々発信をしている。

HP ：http://o-kitagawa.com/
blog ：https://ameblo.jp/sun-9-color/

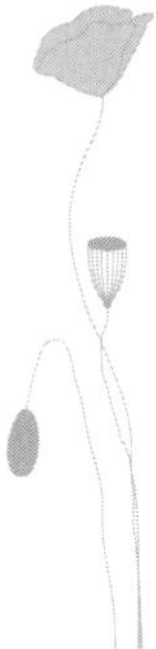

装丁・本文 design／横田和巳（光雅）
校正協力／伊能朋子・あきやま貴子
制作・編集／阿部由紀子

恐れや悲しみがあっても、
人は幸せになれる

初版 1 刷発行 ● 2020年8月22日

著者

喜多川《きたがわ》 恵凜《えりん》

発行者

小田 実紀

発行所

株式会社Clover出版
〒162-0843 東京都新宿区市谷田町3-6 THE GATE ICHIGAYA 10階
Tel.03（6279）1912　Fax.03（6279）1913　http://cloverpub.jp

印刷所

日経印刷株式会社

ISBN978-4-908033-87-2　C0095